중급
유학생을 위한
한국어

대학생활이 쉬워지는 한국어

차봉준 · 한래희
황선영 · 김은정
김지학 지음

(주)박이정

대학생활이 쉬워지는 한국어

초판 인쇄　　　2019년 09월 02일
초판 3쇄 발행　2024년 08월 26일

저　　자 · 차봉준·한래희·황선영·김은정·김지학

펴낸이 · 박찬익
편집장 · 황인옥
펴낸곳 · (주)박이정출판사

주소 · 경기도 하남시 조정대로45 미사센텀비즈 8층 F827호
전화 · 031)792-1195　　**팩스** · 02)928-4683
홈페이지 · www.pijbook.com
이메일 · pijbook@naver.com
등록 · 2014년 8월 22일 제305-2014-000029호

ISBN 979-11-5848-527-6　(13710)

책값은 뒤표지에 있습니다.

- 본 교재는 숭실대학교의 대학자율역량강화지원사업 중 '학문목적한국어 2 교과과정
　연구(ACE 1-4-3)'에서 개발된 교과과정을 바탕으로 제작한 것임.
- 본 교재에 수록된 예문의 일부는 국립국어원의 '한국어기초사전'을 참고한 것임.

목 차

교재 구성표

단원		어휘	문법
1과	화폐의 발전	화폐 관련 어휘	-아/어 오다 -(으)로부터
2과	성공한 기업	기업 관련 어휘	-아/어도 -(으)ㄹ 따름이다
3과	대학과 진로	교육 관련 어휘	-게 하다 -(으)ㄴ/는 대로
4과	문화의 다양성	문화 관련 어휘	-듯(이) -(으)며
5과	익히고 다지기 1	어휘 복습	문법 복습 유사 문법(이유 표현)
6과	언론의 자유	언론 관련 어휘	-기 마련이다 에 따라
7과	현대인과 건강	건강 관련 어휘	-다시피 -(으)므로
8과	사물 인터넷 세상	정보 기술 관련 어휘	-(으)나 -(으)ㄴ커녕
9과	환경과 발전	환경 관련 어휘	-다가는 는 한
10과	익히고 다지기 1	어휘 복습	문법 복습 유사 문법(추측 표현)

표현	과제
강의 시작과 마무리 듣기	강의 듣기 화폐의 기능, 발전에 대한 강의 듣기
의견 제시하기	토의 가상 화폐의 문제점 해결 방안에 대해 토의하기
발표 시작하기	발표 성공한 기업에 대해 조사하여 발표하기
발표 마무리하기	
핵심어 파악하기	읽기 진로와 대학에 대한 설명의 글 읽기
동의하기	토의 수업 중 스마트폰 사용에 대해 토의하기
비교, 대조하기	쓰기 전통 가옥과 음식에 대한 설명의 글 쓰기
인용하기	

가상 화폐, 1인 방송에 대한 글 읽기
수업 시간 계산기 사용에 대해 주장하기
한국 문화와 자국 문화 비교하기

표현	과제
강조하는 부분 파악하기	강의 듣기 언론의 역할, 자유에 대한 강의 듣기
반대 입장 밝히기	토론 알권리와 사생활 보호에 대해 토론하기
시각 자료 제시하기	발표 건강에 대해 조사하여 발표하기
조사 결과 설명히기	
중심 내용 파악하기	읽기 사물 인터넷에 대한 주장의 글 읽기
끼어들기	토론 인간과 로봇의 관계에 대해 토론하기
근거 제시하며 주장하기	쓰기 일회용품 사용과 숲 개발에 대한 주장의 글 쓰기
현황 제시하며 문제 제기하기	

언론, 환경에 대한 글 읽기
현대인의 수면에 대한 조사 결과 설명하기
병원 CCTV 설치에 대한 주장의 글 쓰기

단원 구성

도입

- 주제와 관련된 그림이 제시되어 있습니다.
- 단원의 주제와 관련된 도입 질문 2개가 제시되어 있습니다.

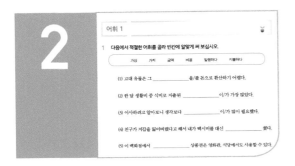

어휘 1

- 주제와 관련된 어휘와 연습 문제가 제시되어 있습니다.

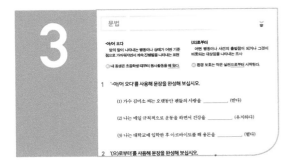

문법

- 문법에 대한 설명과 연습 문제가 제시되어 있습니다.

표현

- 과제 수행에 필요한 표현과 설명이 제시되어 있습니다.
- 표현을 활용하여 해당 표현을 연습하도록 구성하였습니다.
- 듣기, 읽기 단원에서 표현 1은 듣기, 읽기와 관련된 것이고, 표현 2는 토의, 토론과 관련된 것입니다. 따라서 듣기, 읽기 단원을 학습할 때는 표현 2를 토의나 토론 전에 연습할 수도 있습니다.

각 단원은 '도입, 어휘, 문법, 표현 1, 표현 2, 과제 1, 과제 2, (토의, 토론), 어휘 2'로 구성되어 있습니다. 듣기, 읽기 단원은 토의, 토론을 포함하여 이해 영역과 생산 영역을 연계하였습니다.

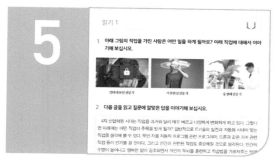

과제 1

- 과제 수행을 위해 준비하는 부분입니다. 학생들이 과제 수행을 위한 내용적 지식을 쌓을 수 있도록 유도하였습니다.
- 상대적으로 난이도가 낮은 간단한 과제가 제시되어 있습니다.

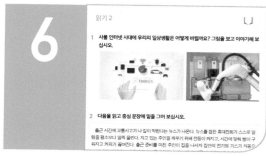

과제 2

- 과제 수행을 위해 준비하는 부분입니다. 준비 단계에서 내용적 지식을 쌓을 수 있게 유도하였습니다.
- 앞서 배운 표현을 과제에 적용하는 연습을 하는 부분입니다.
- 과제 1보다 난이도가 높은 과제가 제시되어 있습니다.
- 과제 후 활동이 제시되어 있습니다.

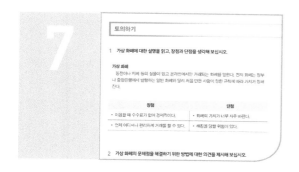

토의, 토론

- 과제와 연계된 토의나 토론 주제가 제시되어 있습니다.
- 표현 2에서 배운 것을 토의나 토론에 적용하여 연습하는 부분입니다.
- 토론을 진행하도록 구성되어 있습니다.
- 토론 후 활동이 제시되어 있습니다. 이를 통해 다른 영역과 관련 주제로 생각을 확장해 나갈 수 있습니다.

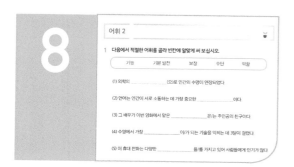

어휘 2

- 과제 1의 신출 어휘와 연습 문제가 제시되어 있습니다.
- 과제 2의 신출 어휘와 연습 문제가 제시되어 있습니다.

01
화폐의 발전

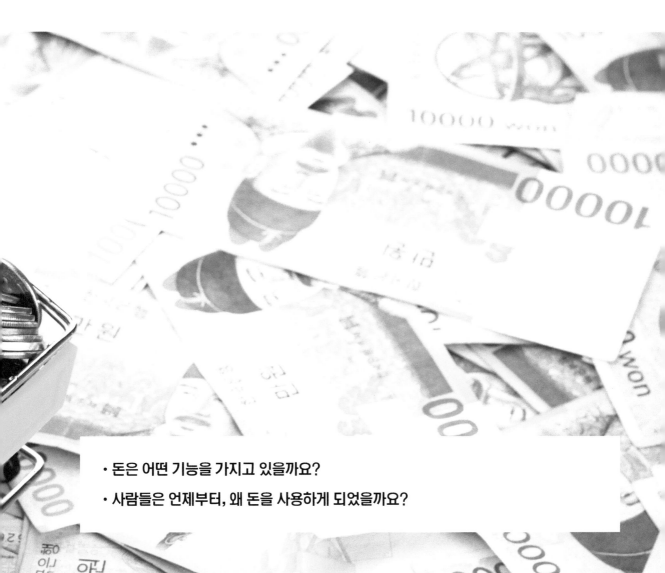

- 돈은 어떤 기능을 가지고 있을까요?
- 사람들은 언제부터, 왜 돈을 사용하게 되었을까요?

1 다음에서 적절한 어휘를 골라 빈칸에 알맞게 써 보십시오.

> 가상   가치   금액   비용   발행하다   지불하다

(1) 고대 유물은 그 _____을/를 돈으로 환산하기 어렵다.

(2) 한 달 생활비 중 식비로 지출된 _____이/가 가장 많았다.

(3) 이사하려고 알아보니 생각보다 _____이/가 많이 필요했다.

(4) 친구가 지갑을 잃어버렸다고 해서 내가 택시비를 대신 _____ 줬다.

(5) 이 백화점에서 _____ 상품권은 영화관, 식당에서도 사용할 수 있다.

(6) 이 소설은 주인공이 현실과 _____을/를 넘나드는 이야기를 다루고 있다.

문법

-아/어 오다

　　앞의 말이 나타내는 행동이나 상태가 어떤 기준점으로 가까워지면서 계속 진행됨을 나타내는 표현

　⑩ 내 동생은 초등학생 때부터 봉사활동을 <u>해 왔다</u>.

(으)로부터

　　어떤 행동이나 사건의 출발점이 되거나 그것이 비롯되는 대상임을 나타내는 조사

　⑩ 환경 보호는 작은 실천<u>으로부터</u> 시작된다.

1　'**-아/어 오다**'를 사용해 문장을 완성해 보십시오.

　　(1) 가수 김미소 씨는 오랫동안 팬들의 사랑을 _____. (받다)

　　(2) 나는 매일 규칙적으로 운동을 하면서 건강을 _____. (유지하다)

　　(3) 나는 대학교에 입학한 후 아르바이트를 해 용돈을 _____. (벌다)

2　'**(으)로부터**'를 사용해 문장을 완성해 보십시오.

　　(1) 이 절은 _____ 천 년 전에 지어진 것이다. (지금)

　　(2) 그 사람은 _____ 막대한 재산을 물려받았다고 한다. (부모)

　　(3) 뜨거운 여름에는 _____ 피부를 보호하는 것이 중요하다. (자외선)

표현 1

강의를 시작할 때는 인사를 하고 강의의 주제나 강의 개요에 대해 설명한다. 이번 강의의 주제에 대해 설명하기 전에 지난 강의 내용을 정리할 수도 있다.

강의를 마무리할 때는 강의 내용을 요약, 정리하고 과제를 내 주거나 다음 시간 강의에 대한 안내를 한다. 강의 내용에 대한 질문을 받을 수도 있다.

강의 시작	지난 시간에는 주제 에 대해 살펴보았습니다. 지금부터 주제 에 관하여 알아보겠습니다. 오늘은 주제① 을/를 살펴보고, 이어서 주제② 을/를 이야기해 봅시다.
강의 마무리	네. 지금까지 주제 에 대해서 알아봤는데요. 다음 시간에는 주제 에 관한 이야기를 하겠습니다. 그럼 오늘은 여기까지 하겠습니다.

1 강의의 시작 부분을 듣고 강의의 주제를 써 보십시오.

(1) 지난 시간 주제

(2) 이번 시간 주제

(3) 지난 시간 주제

이번 시간 주제

2 강의의 마지막 부분을 듣고 강의의 주제를 찾아보십시오.

(1) 지난 시간 주제

(2) 이번 시간 주제

(3) 지난 시간 주제

이번 시간 주제

표현 2

의견 제시하기

토의란 공동으로 풀어야 할 문제의 해결 방안을 찾기 위해 여러 사람이 의견을 주고 받는 것이다. 따라서 문제에 대해 각자의 의견을 이야기하고 다른 사람의 의견을 들으면서 가장 좋은 방안을 찾아야 한다. 또한 어떠한 문제에 대해 자신의 의견을 이야기할 때는 적절한 근거를 들어야 설득력을 얻을 수 있다.

의견	저는 [의견] 아/어야 한다고 생각합니다. 제 생각에는 [의견] 는 것이 좋을 것 같습니다.
근거	왜냐하면 [근거] 기 때문입니다. 그러면 [근거] (으)ㄹ 수 있을 것입니다.

1 근거를 들며 의견을 제시해 보십시오.

• 신입생이 대학교에 잘 적응하기 위해서 무엇을 하는 게 좋을까?

의견	흥미를 느끼는 동아리에 가입한다.
근거	취미가 비슷한 친구들을 만날 수 있다.

• 생활 속에서 환경을 보호하기 위해서 어떻게 해야 할까?

의견	일회용품 사용을 줄인다.
근거	종이컵이나 비닐봉지 같은 일회용품을 대신할 수 있는 컵, 천 가방 등의 물건이 많다.

• 건강을 지키기 위해서 어떻게 해야 할까?

의견	
근거	

1 각각의 그림이 화폐의 어떤 기능에 대한 것인지 이야기해 보십시오.

> 교환 수단　　　지불 수단　가치 보장의 수단　　　가치 측정의 수단

  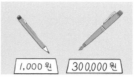 

2 잘 듣고 물음에 답하십시오.

(1) 이 강의의 주제는 무엇입니까?

　　① 화폐의 가치　　　　② 화폐의 기능　　　③ 화폐와 경제 활동

(2) 강의에서 이야기하지 **않은** 것은 무엇입니까?

　　① 이번 주에는 화폐에 대한 것을 공부한다.
　　② 화폐는 가치가 낮아지면 물가가 올라간다.
　　③ 화폐는 물건의 가치를 나타내는 기능도 한다.

3 잘 듣고 물음에 답하십시오.

(1) 강의를 **잘못** 이해한 사람은 누구입니까?

　　① 수란: 화폐는 5000년 전에 처음 사용되었구나.
　　② 정훈: 화폐의 기본적 기능은 가치 측정의 기능이구나.
　　③ 이현: 화폐의 기능은 크게 세 가지로 나눌 수 있겠구나.

(2) 다음 강의의 주제는 무엇입니까?

　　① 화폐의 변화와 발전　　② 세계 여러 나라의 화폐　　③ 화폐의 기능에 대한 학자들의 의견

1 각 그림에 맞는 화폐를 쓰고, 화폐가 어떻게 변화해 왔는지 이야기해 보십시오.

> 금속 화폐   물품 화폐   종이 화폐(지폐)

(1) _____ (2) _____ (3) _____

2 잘 듣고 필기를 완성해 보십시오.

- 지난 시간 주제: (1) _____

- 이번 시간 주제: (2) _____

- 정리

  – 화폐가 생긴 배경: 교환을 편리하게 하기 위해

  – 화폐의 변화: 물품 화폐 → (3) _____ → 지폐와 동전 → 신용 카드

- 다음 시간 주제: (4) _____

- 생각해 볼 문제: 미래 화폐의 모습 상상해 보기

3 잘 듣고 물음에 답하십시오.

(1) 이 강의에서 말하지 않은 것은 무엇입니까?

① 물물 교환의 불편한 점
② 물건의 가치를 정하는 방법
③ 동전을 점점 사용하지 않는 이유

(2) 물품 화폐에 대한 설명으로 틀린 것을 고르십시오.

① 녹거나 깨져서 가지고 다니기 어렵다.
② 구하기 어렵고, 들고 다니기도 무겁다.
③ 쌀, 소금, 조개 등을 돈으로 사용하는 것이다.

(3) 고려 시대 화폐에 대한 설명으로 맞는 것을 고르십시오.

① 한국 최초의 동전이 사용되었다.
② 금속 화폐를 사용하는 사람이 많았다.
③ 쌀이나 옷감을 살 때 금속 화폐를 사용했다.

4 여러분 나라의 화폐의 변화에 대해 조사하고 이야기해 보십시오.

삼국시대

고려시대

조선시대

토의하기

1 가상 화폐에 대한 설명을 읽고, 장점과 단점을 생각해 보십시오.

가상 화폐

　동전이나 지폐 등의 실물이 없고 온라인에서만 거래되는 화폐를 말한다. 전자 화폐는 정부나 중앙은행에서 발행하는 일반 화폐와 달리 처음 만든 사람이 정한 규칙에 따라 가치가 정해진다.

장점	단점
• 이용할 때 수수료가 없어 경제적이다.	• 화폐의 가치가 너무 자주 바뀐다.
• 언제 어디서나 편리하게 거래를 할 수 있다.	• 해킹을 당할 위험이 있다.

2 가상 화폐의 문제점을 해결하기 위한 방법에 대한 의견을 제시해 보십시오.

주제	가상 화폐의 문제점을 해결하기 위해서 어떻게 해야 할까?
의견	• 실시간 보안 상태를 점검한다. • 잘못 이용되는 것을 막기 위해 강력한 법을 만든다.
근거	• 실시간으로 보안을 점검하면 해킹 당했을 때 빨리 대처할 수 있다. • 강력한 법이 없으면 금액을 조작하려는 사람들이 있을 것이다.

3 가상 화폐의 문제점과 각각의 해결 방안을 생각해 보십시오.

문제점	해결방안
•	•
•	•
•	•

4 가상 화폐를 사용할 때 생길 수 있는 문제점을 이야기해 보고, 친구들과 이에 대한 다양한 해결 방안을 찾는 토의를 해 보십시오.

5 토의한 내용을 바탕으로 가상 화폐를 사용할 때 생길 수 있는 문제점과 해결 방안을 써 보십시오.

1 **다음에서 적절한 어휘를 골라 빈칸에 알맞게 써 보십시오.**

> 기능　　　기본　　　발전　　　보장　　　수단　　　역할

(1) 의학의 _____(으)로 인간의 수명이 연장되었다.

(2) 언어는 인간이 서로 소통하는 데 가장 중요한 _____이다.

(3) 그 배우가 이번 영화에서 맡은 _____은/는 주인공의 친구이다.

(4) 수영에서 가장 _____이/가 되는 기술을 익히는 데 3달이 걸렸다.

(5) 이 휴대 전화는 다양한 _____을/를 가지고 있어 사람들에게 인기가 많다.

(6) 지난 경기에서 골을 넣었다고 해서 국가 대표 자리가 _____이/가 되는 것은 아니다.

2 다음에서 적절한 어휘를 골라 빈칸에 알맞게 써 보십시오.

> 빼다   구하다   정하다   나타내다   상상하다   마찬가지이다

(1) 집이 멀어 학교 근처에 살 집을 _____ 있다.

(2) 이 음악은 봄을 맞이하는 기쁨을 _____ 것이다.

(3) 여행 가방을 싸는데 짐이 너무 많아서 옷을 좀 _____.

(4) 미래의 나의 모습을 _____ 보면 시간 가는 줄 모르겠다.

(5) 한글을 만든 날을 기념하기 위하여 10월 9일을 한글날로 _____.

(6) 아버지는 연세가 많아지셨지만 일에 대한 열정은 젊을 때와 _____.

02

성공한 기업

- 여러분 나라에서 성공한 대표적인 기업이 있습니까?
- 그 기업은 어떻게 성공할 수 있었을까요?

1 다음에서 적절한 어휘를 골라 빈칸에 알맞게 써 보십시오.

> 관리　　　　극복　　　　기획　　　　사례　　　　성과　　　　위기

(1) 즐거운 마음으로 일하면 기대 이상의 _____을/를 얻을 수 있다.

(2) 어제 응급실에 온 환자는 _____을/를 넘기고 조금씩 회복되고 있다.

(3) 정부의 노력 없이는 취업난의 _____이/가 어려울 것이라는 의견이 많다.

(4) 김 사장은 컴퓨터를 잘하는 직원에게 회사 홈페이지의 _____을/를 부탁했다.

(5) 운동선수에서 연예인으로 직업을 바꿔 성공한 대표적인 _____(으)로 김민수를 들 수 있다.

(6) 나는 요즘 다음 주에 열릴 전시회의 _____와/과 홍보를 모두 맡아 눈코 뜰 새 없이 바쁘다.

문법

-아/어도

앞에 오는 말을 가정하거나 인정하지만 뒤에 오는 말에는 관계가 없거나 영향을 끼치지 않음을 나타내는 연결 어미

예 나는 아무리 <u>아파도</u> 결석하지 않는다.

-(으)ㄹ 따름이다

앞에 오는 말이 나타내는 상태나 상황 이외에 다른 어떤 것도 없음을 나타내는 표현

예 장학금을 받게 되다니 <u>감사할 따름이다</u>.

1 '-아/어도'를 사용해 문장을 완성해 보십시오.

(1) 몇 번을 _____ 이 책의 내용은 이해하기 어렵다. (읽다)

(2) 아무리 비가 _____ 이번 경기는 더 이상 취소할 수 없다. (오다)

(3) 아무리 _____ 자지 말고 내일까지 숙제를 다 해야 한다. (졸리다)

2 '-(으)ㄹ 따름이다'를 사용해 문장을 완성해 보십시오.

(1) 친한 친구가 좋은 학교에 입학하다니 _____ . (부럽다)

(2) 약을 잘 먹으면 나을 수 있다는 의사의 말을 _____ . (믿다)

(3) 우리 반 1등 학생은 공부를 잘하는 비결은 따로 없고 매일 _____ 말했다. (복습하다)

발표 시작하기

발표를 시작할 때는 인사를 하고 자신을 간단히 소개한다. 이어서 발표 주제와 목차를 설명한다. 이때 발표 주제 선정 과정이나 이유를 덧붙일 수 있다.

인사, 소개	안녕하십니까? 저는 OO학과 O학년에 재학중인 이름 입니다. 안녕하세요? 오늘 발표를 맡은 OO학과 이름 , 이름 입니다.
강의 시작	저는 주제 에 대해 말씀드리겠습니다. 오늘 저희 팀은 주제 에 대한 발표를 준비했습니다.
목차	먼저 O에 대해 말씀드리고, 이어서 O, O 순으로 말씀드리겠습니다. 저희가 발표할 내용의 순서는 다음과 같습니다. 첫째, 둘째, 셋째

1 다음을 보고 발표의 시작 부분을 이야기해 보십시오.

(1)
꽃과 나무
경영학부 1학년
장린

(2)
한국의
입시제도
메이, 최정이

(3)
Contents
1. 한국의 교육 제도
2. 한국의 입시제도
3. 중국과 차이점

(4)
립스틱 효과
법학과 20203135
히엔

CONTENTS
1. 립스틱 효과의 정의
2. 경제 불황
3. 소비자 심리

표현 2

발표 마무리하기

발표를 마무리할 때는 전체 내용을 짧게 요약하거나 결론을 지으면서 정리한다. 그리고 준비한 내용이 끝났음을 알리고, 끝인사를 한다. 발표를 마무리하기 전에 발표 내용에 대해 청중에게 질문이 있는지 물어볼 수도 있다.

요약	요약해 보면, -(이)었습니다. 지금까지 말씀드린 내용을 정리해 보면 다음과 같습니다.
결론	-(이)라는 결론을 낼 수 있습니다. 결론적으로 -(이)라고 할 수 있겠습니다.
끝인사	제가 준비한 발표는 여기까지입니다. 끝까지 들어주셔서 감사합니다. 이상으로 발표를 마치겠습니다. (경청해 주셔서) 감사드립니다.

2 다음을 보고 발표의 마지막 부분을 이야기해 보십시오.

(1) 요약
- 10~30대: 유학에 긍정적
- 40~50대: 유학에 중립적
- 60~70대: 유학에 부정적

(2) 결론
- 나이가 많을수록 유학에 부정적임
- 국제 사회를 경험한 사람들이 유학에 긍정적임

(3) 감사합니다

(4) 요약
- 평균 출산율: 1명 이하
- 노인: 전체 인구의 15%

결론
- 고령화 사회에 진입함
- 출산율을 높이기 위한 정책이 필요함

1 설명을 보고, 아래의 기업인에 대해 간단히 설명해 보십시오.

유일한(1895-1971)

- 유한양행 설립
- 건강을 위한 결핵약을 팔고, 한국 최초의 진통제를 만듦
- 윤리 경영을 강조하였으며, 자산을 사회에 환원함

2 기업인에 대해 발표를 하려고 합니다. 발표의 시작 부분과 마무리 부분을 이야기해 보십시오.

(1)
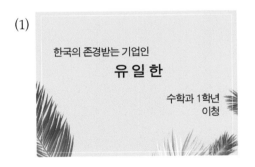

한국의 존경받는 기업인
유 일 한

수학과 1학년
이청

(2)

존경받는 이유

- 건강을 위한 약을 개발함
- 윤리 경영을 강조함
- 자산을 사회에 환원함

3 존경받는 기업인에 대해 조사하여 발표해 보십시오.

말하기 2

1 다음 기업들은 어떻게 성공할 수 있었는지 이야기해 보십시오.

(1)

세상에 없던 제품, 김치 냉장고

- 위기: 에어컨 생산 기업인 '대유 위니아'는 여름이 아닌 계절에 판매할 제품이 필요했음
- 전략:
  - 기존에 없던 김치 냉장고를 개발함
  - 아파트에 사는 30~50대 주부로 구체적인 구매 대상을 정함
  - '딤채'라는 새로운 브랜드를 만듦
- 결과:
  - 대유위니아는 모든 계절에 매출을 늘릴 수 있게 됨
  - 김치 냉장고 분야의 선두 업체 자리를 유지하고 있음

(2)

브랜드 이미지를 기억시키자

- 위기: 경쟁 회사에서 비슷한 음료들을 만듦
- 전략:
  - 병, 로고 디자인과 같은 이미지로 제품을 기억하게 함
  - '즐기다, 언제나' 등의 광고로 언제 어디서나 즐거움을 주는 음료라는 이미지를 기억하게 함
  - 칼로리가 없는 콜라, 투명한 콜라 등 새로운 종류의 콜라를 개발함
- 결과:
  - 브랜드 영향력에서 수년간 1위를 함
  - 전세계 소비자들이 끊임없이 구매함

2 다음을 보고 발표 시작과 마무리 부분을 이야기해 보십시오.

(1)

김치 냉장고로
성공한 기업

경제학과 2학년
주충오

목차

1. 회사가 겪었던 위기
2. 위기를 극복하기 위한 전략
3. 결과: 성공의 전략

(2)

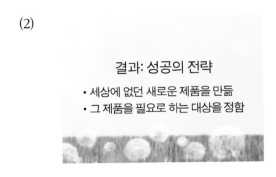

3 기업의 성공 사례에 대 해 조사하여 PPT와 발표문을 구성해 보십시오.

(1)   위기

(2)   전략

(3)   결과

4 위에서 준비한 내용을 바탕으로 기업의 성공 사례에 대해 발표해 보십시오.

5 친구들과 토의하여 전자기기, 자동차, 의류 등 다양한 제품 중 하나를 선정한 후, 자신이 그 제품의 홍보 담당자라 생각하고 제품의 효과적 홍보 방안에 대해 이야기해 보십시오.

어휘 2

1 다음에서 적절한 어휘를 골라 빈칸에 알맞게 써 보십시오.

> 기업인　　창업　　판단력　　강조하다　　도입하다　　중시하다

(1) 어머니는 우리에게 정직해야 한다고 항상 _____.

(2) 리더는 빠르고 정확한 _____을/를 가지고 있어야 한다.

(3) 나는 사회적 성공보다 가정을 _____사람이 좋다고 생각한다.

(4) 이 회사는 삼십 대의 젊은 _____이/가 경영을 맡아 화제가 되고 있다.

(5) 우리는 졸업 후 각자의 아이디어를 모아 함께 _____을/를 하기로 약속했다.

(6) 도서관에 전자 대출 시스템을 _____ 빠르고 편리하게 책을 빌릴 수 있게되었다.

2 다음에서 적절한 어휘를 골라 빈칸에 알맞게 써 보십시오.

> 매출   분야   생산   영향력   구매하다   유지하다

(1) 아버지는 꾸준한 등산으로 체력을 _____.

(2) 텔레비전의 _____은/는 신문보다 훨씬 크다.

(3) 그 회사는 최근 소형 자동차의 _____을/를 늘렸다.

(4) 나는 옷을 _____ 때 가격과 디자인을 가장 중요하게 생각한다.

(5) 신제품의 인기 덕분에 우리 회사의 _____이/가 점점 늘고 있다.

(6) 나는 다양한 _____의 사람들을 만나고, 그들의 이야기를 전하고 싶어
기자가 되었다.

03
대학과 진로

- 여러분은 대학에서 무엇을 공부하고 싶습니까?

- 직업을 선택할 때 가장 중요하게 생각해야 하는 것은 무엇일까요?

1 다음에서 적절한 어휘를 골라 빈칸에 알맞게 써 보십시오.

> 인재　　　적성　　　전공　　　진로　　　학업　　　경쟁력

(1) 대학에서는 다양한 교양 과목과 _____ 과목의 수업을 들을 수 있다.

(2) 현대 사회에서 _____ 있는 사람이 되려면 새로운 학문을 배워야 한다.

(3) 세계적인 기업들은 미래 세계를 이끌어 갈 _____을/를 필요로 하고 있다.

(4) 어떤 대학생들은 비싼 등록금 때문에 _____을/를 중도에 포기하고 취업을 한다.

(5) 최근 청소년들이 가장 많이 고민하는 문제는 미래를 위한 _____결정이라고 한다.

(6) 직업을 선택할 때에는 자신의 _____을/를 잘 살릴 수 있는 분야를 생각해야 한다.

문법

-게 하다

어떤 일을 시키거나 허용함을 나타낼 때 사용한다.

🔵 선생님께서 매일 한국어를 두 시간씩 공부하게 하셨다.

-(으)ㄴ/는 대로

어떤 동작이나 상태와 같은 모양을 나타낼 때 사용한다.

🔵 요리 시간에 배운 대로 집에서 만들어 보았다.

1 '-게 하다'를 사용해 문장을 완성해 보십시오.

(1) 선생님께서는 나에게 매일 한국어 뉴스를 30분씩 _____. (듣다)

(2) 우리 학교에서는 월요일 아침마다 학생들이 운동을 _____. (하다)

(3) 이곳 박물관은 관람객이 전시물 사진을 함부로 찍지 _____있다. (못하다)

2 '-(으)ㄴ/는 대로'를 사용해 문장을 완성해 보십시오.

(1) 아기는 엄마가 _____ 똑같이 따라 말했다. (말하다)

(2) 선생님께 _____ 한국어를 공부하면 곧 한국어를 잘할 수 있다. (배우다)

(3) 후배가 전공시험에 대해 물어봐서 나는 _____ 이야기해 주었다. (알다)

핵심어 파악하기

글에서 가장 중요한 내용이나 생각을 담고 있는 부분을 '핵심어라고 한다. 글의 중심 내용을 잘 이해하기 위해서는 글에서 '핵심어'를 파악하는 것이 중요하다. 핵심어를 찾기 위해서는 글에서 자주 반복되는 어휘에 주목해야 한다.

> <u>된장</u>은 대표적인 한국의 장으로, 음식의 간을 맞추고 맛을 내는 데 기본이 되는 식품이다. <u>된장</u>은 콩을 오랫동안 발효시켜 만든다. 콩에는 단백질과 지방이 풍부하여, 콩으로 만든 <u>된장</u>도 영양이 풍부한 식품이다. 한국 사람들은 이 <u>된장</u>을 삼국시대부터 즐겨 먹은 것으로 보인다.

1 다음 글을 읽고 핵심어를 찾아 밑줄을 그어 보십시오.

> 화산은 땅속에 있는 마그마가 땅 밖으로 나와 만들어진 산이다. 화산은 육지뿐 아니라 바다에도 생길 수 있다. 화산의 모양은 여러 가지이다. 제주도 한라산과 같이 경사가 완만한 산도 있고, 일본의 후지산과 같이 아래는 경사가 완만하지만 꼭대기는 경사가 가파른 산도 있다. 화산 꼭대기에 호수가 있는 경우도 있는데 백두산의 천지, 한라산의 백록담이 대표적이다.

2 다음 글을 읽고 핵심어를 찾아 밑줄을 그어 보십시오.

> 옛날부터 지금까지 사람들에게 좋은 영향을 끼친 소설, 음악, 미술 등 예술 작품에는 작가의 생각이 들어있다. 이렇게 예술 작품에 나타난 작가의 생각을 주제라고 한다. 작품에 담긴 주제는 다양해서 어떤 작품은 이별이 주제가 되고, 어떤 작품은 사랑이 주제가 된다. 또 어떤 작품에서는 인간의 자유를 주제로 나타내기도 한다. 좋은 주제는 소설을 읽는 사람, 음악을 듣는 사람, 연극을 보는 사람에게 감동과 기쁨을 준다. 그리고 작가의 생각과 가치관에 공감하게 한다.

표현 2

동의하기

동의하기는 토의나 토론의 상황에서 다른 사람의 의견에 뜻을 같이할 때 사용하는 표현이다. 상대방의 행위를 허락, 승인하거나 인정하는 의사 표시를 할 때에는 동의하는 이유나 근거를 제시하는 것이 좋다.

저도 같은 생각입니다. 왜냐하면 근거 기 때문입니다.
근거 다는 점에서 저도 그 의견에 동의합니다.
근거 기 때문에 저는 그 방법도 좋다고 생각합니다.
근거 다는 점에서 저도 그렇게 하는 것이 좋다고 생각합니다.

1 상대방의 의견에 근거를 대며 동의해 보십시오.

(1)

미성년(청소년)이 연예인으로서 방송활동을 하는 것에 대해 반대합니다.

• 근거: 너무 어릴 때부터 연예인이 되어 방송활동을 하면 사생활이 노출된다.

(2)

한국의 대학생들은 전공보다 외국어 공부에 열중하고 있습니다. 대학을 졸업한 후에 취업을 하려면 학력도 중요하지만 외국어 능력이 필수적인 요소입니다. 그렇기 때문에 대학에서도 다양한 외국어 수업을 늘려야 한다고 생각합니다.

• 근거: 대학을 졸업하는 것도 중요하지만 취업을 하는 것이 더 중요하다.

1 아래 그림의 직업을 가진 사람은 어떤 일을 하게 될까요? 미래 직업에 대해서 이야기해 보십시오.

인터넷보안전문가

가상현실전문가

숲생태전문가

2 다음 글을 읽고 질문에 알맞은 답을 이야기해 보십시오.

4차 산업혁명 시대는 직업이 과거와 달리 매우 빠르고 다양하게 변화하게 하고 있다. 그렇다면 미래에는 어떤 직업이 주목을 받게 될까? 일반적으로 IT기술의 발전과 자동화 시대에 맞는 직업을 생각해 볼 수 있다. 무인 자율 자동차 프로그램 관련 프로그래머, 드론과 같은 기계 관련 직업 등이 인기를 끌 것이다. 그리고 인간과 관련된 직업도 중요해질 것으로 생각된다. 인간의 수명이 늘어나고 행복한 삶이 강조되면서 개인의 두뇌를 훈련하고 학습법을 가르쳐주는 브레인 트레이너, 노후의 삶을 행복하고 아름답게 지켜주는 라이프코치, 또 외모를 아름답고 건강하게 해주는 뷰티헬스전문가 등도 새롭게 떠오르고 있는 직업이다. 한편 자연환경을 보호하기 위해 환경을 관리하고 연구하는 숲생태 전문가도 새로운 직업으로 각광받고 있다.

(1) 위 글의 핵심어를 찾아보십시오.

① 새로운 직업   ② 미래의 인간   ③ 4차 산업혁명

(2) 위 글의 내용으로 맞지 **않는** 것을 고르십시오.

① 4차 산업혁명은 미래의 직업을 변하게 하는 중요한 요인이다.
② 인간의 수명이 늘어나면서 인간과 관련된 직업이 생기고 있다.
③ 미래에는 자연을 개발하기 위한 기술이 더욱 필요해질 것이다.

1 여러분은 대학 전공 선택을 할 때 중요한 것이 무엇이라고 생각합니까? 또 대학 졸업이 여러분의 미래와 어떤 관계가 있습니까?

> 적성   행복   성적   직업

2 다음을 읽고, 글에서 핵심어를 찾아보십시오.

> 대학은 가장 수준이 높은 교육을 하는 기관이다. 최초의 대학은 1200년대에 이탈리아에서 만들어졌고 그 이후에 각 나라에서 다양한 모습으로 운영되었다. 대학은 여러 사람들이 함께 생활하며 학문을 연구하는 곳임이 예전부터 강조되었다. 이와 함께 학자를 키워내는 것을 중요하게 생각했다. 대학은 나라의 관리들이 자신이 원하는 일을 하도록 돕는 곳으로 활용되기도 했다. 이와 같이 대학은 각 나라의 상황에 따라 발전되어 왔다.

3 아래의 글을 읽고 질문에 맞는 답을 이야기해 보십시오.

> 대학은 가장 수준이 높은 교육을 하는 기관이다. 최초의 대학은 1200년대에 이탈리아에서 만들어졌고 그 이후에 각 나라에서 다양한 모습으로 운영되었다. 대학은 여러 사람들이 함께 생활하며 학문을 연구하는 곳임이 예전부터 강조되었다. 이와 함께 학자를 키워내는 것을 중요하게 생각했다. 대학은 나라의 관리들이 자신이 원하는 일을 하도록 돕는 곳으로 활용되기도 했다. 이와 같이 대학은 각 나라의 상황에 따라 발전되어 왔다.
>
> 현재의 대학은 어떤 역할을 하고 있을까? 대학은 학생들이 자신의 직업에 대해 진지하게 고민하고 진로를 결정하는 중요한 시기로 활용하게 한다. 진로를 결정할 때에는 자신의 성격이 어떤지, 어떤 능력이 있는지를 아는 것이 도움이 된다. 어떤 일에 흥미를 두고 있는지도 진로 결정의 한 요소가 될 수 있다. 이와 같은 다양한 요소를 고려하여 자신의 진로에 대해 확신을 얻는 시간을 대학에서 보낼 수 있다.
>
> 먼저 진로에 대한 목표를 생각한 후 대학에서 자신이 선택한 전공이 자신의 적성에 맞는지를 확인하고 점검한다. 전공과목과 관련한 동아리에서 활동하며 정보를 수집하고 진로를 선택하거나 변경하는 과정을 경험한다. 이를 바탕으로 자신이 앞으로 어떤 직업을 선택하는 것이 좋을지 진로의 방향을 결정할 수 있게 한다.

다시 말하면 대학에서 보내는 기간을 미래의 하고 싶은 일과 직업을 선택하고, 인생의 목표와 목표를 이루는 계획표를 작성하는 시간으로 보낼 수 있다. 물론 진로를 결정하는 것은 사람에 따라 시간의 차이가 있으므로 대학에서 모든 것이 결정되지 않을 수도 있다. 그러나 대학에서의 다양한 경험을 통해 배운 대로 선택과 결정의 연습을 이어 가다 보면 미래를 구체적으로 계획하는 데에 도움이 될 것이다.

(1) 위 글에 알맞은 제목은 무엇입니까?

　　① 대학과 진로
　　② 대학과 교양교육
　　③ 대학과 행복한 삶

(2) 위 글에서 이야기하지 **않은** 내용을 고르십시오.

　　① 대학에서 보내는 시간은 진로를 결정하는 데에 사용할 수 있다.
　　② 인생의 목표를 이루기 위해서는 나를 잘 아는 사람을 찾아야 한다.
　　③ 대학생활에서 다양한 활동에 참여하면 내가 어떤 사람인지 알 수 있다.

(3) 위 글의 내용을 제대로 이해하지 **않은** 것을 고르십시오.

　　① 대학은 학문 연구도 하고 학자를 양성하는 것을 목표로 하기도 한다.
　　② 진로를 결정했더라도 여러 활동을 하면서 진로를 바꾸는 경우도 있다.
　　③ 대학에 가기 전에 자신의 성격이나 능력을 확인하고 진로를 결정해야 한다.

4　여러분이 대학생활에서 중요하게 생각하는 것은 무엇입니까? 그렇게 생각하는 이유를 이야기해 보십시오.

토론하기

1 여러분은 어느 용도로 휴대전화를 사용하고 있습니까? 수업 시간에 휴대전화를 사용하는 것이 학업에 도움이 됩니까?

2 상대방의 의견에 동의해 보십시오.

수업 중 휴대전화 사용에 반대한다.

수업 시간에 휴대전화를 사용하면 수업에 집중하지 못하기 때문입니다. SNS나 인터넷, 메시지 확인 등 수업에 필요하지 않은 다른 것을 하게 되어 주의력이 떨어질 것입니다.

수업 시간에 휴대전화를 적절히 사용하면 도움이 된다.

자료를 빠르고 쉽게 찾을 수 있어 수업 이해에 도움이 됩니다. 또 필기 시간을 절약하고 내용 저장이 쉽습니다.

3 '수업 중 휴대전화 사용'에 대한 자신의 주장을 밝히고, 주장의 근거를 메모해 보십시오.

주장	• 수업 중 휴대전화 사용에 반대한다. • 수업 시간에 휴대전화를 적절히 사용하면 도움이 된다.
근거	• • •

4 수업 중 휴대 전화 사용에 대해 토론해 보십시오.

5 토론 내용을 바탕으로 스마트 폰의 올바른 사용 방안에 대한 의견과 방법을 정리해 보십시오.

어휘 2

1 다음에서 적절한 어휘를 골라 빈칸에 알맞게 써 보십시오.

> 각광   재능   끌다   관련되다   강조되다   훈련하다

(1) 전문가가 개를 _____ 후부터 개가 우리의 말을 잘 따른다.

(2) 보고서나 논문을 쓰기 전에 주제에 _____ 책을 먼저 읽어야 한다.

(3) 명절을 맞아 대형 슈퍼마다 손님을 _____ 위한 할인 행사가 있다.

(4) 시에서 새로 만든 공원은 어린이 견학 장소로 _____을/를 받고 있다.

(5) 아들이 수영에 _____이/가 있는 것 같아서 수영 선수를 시켜 보려고 한다.

(6) 요즘은 여성들의 사회 참여가 늘면서 사회 속 여성들의 역할이 _____ 있다.

2 다음에서 적절한 어휘를 골라 빈칸에 알맞게 써 보십시오.

> 시기   학문   확신   잇다   키우다   운영되다

(1) 민주는 대학 졸업 후 _____에 뜻을 두고 대학원에 진학했다.

(2) 어렸을 때부터 꾸준히 신문을 읽으면 사고 능력을 _____ 수 있다.

(3) 섬과 육지를 _____ 주는 다리가 생겨 인천공항에 가는 길이 더 편해졌다.

(4) 어려서 공부할 _____을/를 놓치면 나이가 들어서는 더 공부하기 어려워진다.

(5) 대부분의 복지 시설은 후원금으로 _____ 때문에 시설을 유지해 나가기가 어렵다.

(6) 나는 언젠가 성공할 것이라는 _____을/를 가지고 있었기 때문에 어려움이 있어도 꿈을 포기하지 않았다.

04

문화의 다양성

- 여러분이 새롭다고 느끼는 한국 문화가 있습니까?
- 한국과 유사한 여러분 나라의 문화는 어떤 것이 있을까요?

1 다음에서 적절한 어휘를 골라 빈칸에 알맞게 써 보십시오.

> 가치관   대도시   교통수단   늘어나다   달라지다   틀림없다

(1) 요즘은 혼자 사는 1인 가정이 _____ 있다.

(2) 시대가 바뀌면서 전통에 대한 생각이 _____ 있다.

(3) 사람은 살아 온 환경에 따라 생각과 _____이/가 다르다.

(4) 약속 시간을 가장 정확하게 지킬 수 있는 _____은/는 지하철이다.

(5) 날씨가 흐리고 하늘이 캄캄해지는 것을 보니 비가 오려는 것이 _____.

(6) 서울과 같이 인구가 많은 _____에는 편의시설과 문화시설이 발달되어 있다.

문법

- 듯(이)

뒤에 오는 말이 앞에 오는 말과 거의 비슷함을 나타낼 때 사용한다.

예 한국에서는 추석을 <u>쇠듯이</u> 중국에서는 중추절을 쉰다.

-(으)며

두 가지 이상의 동작이나 상태, 사실을 나열함을 나타낼 때 사용한다.

예 이 영화는 모두 호주에서 <u>촬영되었으며</u> 출연진도 모두 현지인이다.

---

1 '-듯(이)'를 사용해 문장을 완성해 보십시오.

(1) 사람마다 생김새가 _____ 가치관도 다르다. (다르다)

(2) 시간이 지남에 따라 역사가 _____ 그 나라의 문화도 바뀐다. (변화하다)

(3) 정성을 다해 키운 화초가 잘 _____ 최선을 다해 노력한다면 그 결실을 얻을 수 있다. (자라다)

2 '-(으)며'를 사용해 문장을 완성해 보십시오.

(1) 아버지는 언제나 나에게 친구이고 _____ 영웅이셨다. (스승이다)

(2) 이곳은 공기가 _____ 조용해서 휴양지로 주목 받고 있다. (맑다)

(3) 그 사람은 _____ 모두에게 친절해 친구들에게 인기가 많다. (겸손하다)

비교·대조하기

비교는 두 대상 사이의 공통점을 설명하는 방법이며, 대조는 두 대상 사이에 서로 반대되는 성질이나 특징을 설명하는 방법이다.

비교	A와 B는 -다는 면에서 유사하다 A와 B는 -다는 점에서 공통점을 지닌다
대조	A는 B와 달리 -다는 면에서 차이가 있다 A는 -은/는 반면에 B는 -다는 점에서 차이가 있다.

1 아래의 내용을 보고 비교의 문장을 완성해 보십시오.

(1) 비교 버스, 지하철 → 교통수단

_____

(2) 비교 플루트, 트럼펫 → 관악기

_____

(3) 비교 전통한복, 개량한복 → 한국의 아름다움을 알릴 수 있다

_____

2 아래의 내용을 활용하여 대조의 문장을 완성해 보십시오.

(1) 대조 고래: 포유류 / 상어: 어류

_____

(2) 대조 커피: 카페인이 들어 있다 / 우유: 카페인이 들어 있지 않다

_____

(3) 대조 뉴스: 정보를 전달한다 / 개그 프로그램: 즐거움을 준다

_____

표현 2

인용하기

인용이란 다른 사람의 말이나 글을 가져와 설명하는 방법이다. 인용을 할 때에는 출처를 반드시 밝혀야 한다.

에 따르면 -다고 한다
에서는 -다고 설명하였다
에 의하면 대상 을/를 -(으)로 정의하고 있다

1 상대방의 의견에 근거를 대며 동의해 보십시오.

(1)
- 출처: 국립국어원 한국어기초사전
- '문화'의 정의: 사회의 공동체가 일정한 목적 또는 생활 이상을 실현하기 위하여 만들고 익히고 공유하고 전달하는 물질적, 정신적 활동

(2)
- 조사 기관 : 기상청
- 조사 내용 : 지난 10년 간 한국의 여름 평균 기온이 '1.8 도(C)' 상승했으며 이는 같은 기간 동안 지구상의 평균 기온이 '1.2도(C) 오른 것보다 더 높은 수치이다.

(3)
- 연구 기관 : 영국 'A' 대학 사회연구소
- 연구 결과 : 교우 관계가 좋은 학생이 그렇지 않은 학생에 비해 성적이 우수하다.

1 지역별로 환경에 따라 집의 재료와 형태가 다릅니다. 지역별 집의 특징을 생각해 보십시오. 어떻게 다른지 생각해 보십시오.

북부지역

- 겨울에 춥고 바람이 많이 분다
- 담이 높고 창문이 작다

남부 지역

- 덥고 여름에 비가 많이 온다
- 담이 낮고 창문이 크다

강원도

- 산이 높고 겨울에 눈이 많이 온다
- 창문이 작고 지붕이 높다

제주도

- 바람이 많이 분다
- 창문이 작고 담이 없다

2 아래 설명을 보고 강원도와 제주도의 전통 가옥을 비교하는 글을 써 보십시오.

	강원도	제주도
날씨	겨울에 눈이 많이 온다	바람이 많이 불고 습기가 많다
재료	흙이 적고 나무가 많다	풀이 적고 돌이 많다
집	창문이 작고 지붕이 높다 지붕과 벽을 나무로 만든다	창문이 작고 담이 없다 지붕은 풀로 만들고 벽은 돌로 만든다

3 한국의 전통 가옥과 여러분 나라의 전통 가옥을 비교하는 글을 써 보십시오.

게르

흙집

수상가옥

1 여러분 나라에 한국 음식과 비슷한 음식이 있습니까? 재료, 조리법 등 어떤 점이 비슷합니까? 또 어떤 점이 다릅니까?

2 두 음식을 비교, 대조하는 문장을 만들어 보십시오.

(1) [비교] 송편, 월병 → 추석에 먹는 음식

_____

(2) [비교] 삼계탕, 장어구이 → 대표적인 보양식

_____

(3) [대조] 칼국수: 밀가루로 면을 만든다 / 쌀국수: 쌀로 면을 만든다

_____

(4) [대조] 보쌈: 돼지고기를 삶는다 / 꿔바로우: 돼지고기에 반죽을 입혀 튀긴다

_____

3 한국의 전통 음식과 여러분 나라의 전통 음식 중 하나를 선택하여 공통점과 차이점을 써 보십시오.

한국의 전통 음식	_____의 전통 음식
공통점	· ·
차이점	· ·

4 한국의 전통 음식과 여러분 나라의 전통 음식을 비교해 설명하는 글을 써 보십시오.

5 시대의 변화에 따라 문화의 모습도 변할 수 있습니다. 전통 문화를 지켜야 할지, 시대에 따라 변화하는 문화를 받아들일지에 대해 여러분의 생각을 이야기해 보십시오.

- 전통한복과 개량한복은 어떻게 다릅니까?

- 전통한식과 퓨전한식 중에서 어떤 것이 더 좋습니까? 왜 그렇게 생각합니까?

1 다음에서 적절한 어휘를 골라 빈칸에 알맞게 써 보십시오.

> 재료   차이   특징   형태   공통점   유사하다

(1) 벌들의 춤은 인간의 언어와 _____ 점이 많다.

(2) 한국의 계절은 사계절이 뚜렷하다는 _____을/를 갖는다.

(3) 우리는 같은 동네에 살고 취미가 같다는 _____이/가 있다.

(4) 우리 집은 오래된 소나무를 _____(으)로 건축하여 튼튼하고 통풍이 잘 된다.

(5) 이번에 새로 나온 자동차는 기능 면에서는 _____이/가 없고 디자인만 달라졌다.

(6) 한글의 자음은 그 소리를 낼 때 쓰이는 발음 기관의 _____을/를 본떠 만들었다.

2 다음에서 적절한 어휘를 골라 빈칸에 알맞게 써 보십시오.

> 입장   전통   보수적   거부하다   유지하다   받아들이다

(1) 아버지가 체력을 _____ 비결은 꾸준한 등산이다.

(2) 그 건물은 외국에서 _____ 건축 양식을 응용해서 지은 것이다.

(3) 민속촌에는 옛 조상들이 살던 _____ 한옥들을 그대로 재현해 놓았다.

(4) 지난 콘서트 지각에 대해 가수가 곧 _____을/를 밝힐 예정이라고 한다.

(5) 이 신문은 젊은이들의 생각을 비판하는 기사가 많아 _____ 성향이 강하다.

(6) 그 배우가 곧 결혼한다는 소문이 있는데 인터뷰를 계속 _____ 있다고 한다.

05

익히고 다지기 1

어휘

1 빈칸에 적절한 단어를 써 보십시오.

가.A.				나.	B.
		C.			
	다.				
D.				E.	
라.			마.		F.
		바.			

가로 열쇠

가. 출판물이나 인쇄물을 찍어서 세상에 펴냄
나. 물건 등을 사들임
다. 사물을 인식하여 논리나 기준 등에 따라 판정할 수 있는 능력
라. 이기어 도로 회복함. 나쁜 조건이나 고생 등을 이겨 냄
마. 기업에 자본을 대고 기업의 경영을 담당하는 사람
바. 어떤 일을 하는데 필요한 재주와 능력

세로 열쇠

A. 더 좋은 상태나 더 높은 단계로 나아감
B. 물건 등을 내다 파는 일
C. 목적을 이루기 위한 방법
D. 대상에 대한 태도가 긍정적이고 능동적인 것
E. 공부하여 학문을 닦는 일기
F. 육체적, 정신적 작업을 정확하고 손쉽게 해 주는 기술상의 재능

2 빈칸에 알맞은 단어를 찾아보십시오.

> 분야   사례   수단   진로   거부하다   계획하다

(1) 최근 기사를 보면 퓨전 한식의 성공 _____이/가 자주 눈에 띈다.

(2) 가능한 모든 _____와/과 방법을 사용했지만 그를 설득할 수 없었다.

(3) 고등학생 때 _____ 때문에 고민하는 나에게 선생님은 책 한 권을 추천해 주셨다.

(4) 할아버지는 평범한 의사로 살기를 _____ 해외 의료 봉사라는 힘든 길을 선택하셨다.

(5) 지난 10여 년 동안 국내 산업은 컴퓨터 _____이/가 가장 많이 발전했다고 볼 수 있다.

(6) 나는 어릴 때부터 한국 유학을 _____ 있었기 때문에 한국어 공부를 열심히 해 두었다.

3 다음 단어의 뜻으로 맞는 것과 연결해 보십시오.

(1) 가치 •   • ① 이루어 낸 결실

(2) 경험 •   • ② 사물이 지니고 있는 쓸모

(3) 기본 •   • ③ 자신이 실제로 해 보거나 겪어 봄

(4) 성과 •   • ④ 사물이나 현상, 이론, 시설 따위를 이루는 바탕

(5) 유입되다 •   • ⑤ 힘든 일을 하거나 어떤 일에 시달려서 기운이 빠지다

(6) 중시하다 •   • ⑥ 가볍게 여길 수 없을 만큼 매우 크고 중요하게 여기다

(7) 지치다 •   • ⑦ 문화, 생각, 기술 등이 한 곳에서 다른 곳으로 들어오다

4 다음 빈 칸에 공통으로 들어가기에 적절한 단어를 고르십시오.

(1)
> • 손을 씻을 때마다 손가락에서 반지를 (   ) 잃어버리기 쉽다.
> • 책을 (   ) 읽고 나면 다시 제자리에 꽂아 놓아야 나중에 찾기 쉽다.
> • 러우 씨는 지난 6개월 동안 운동을 열심히 했는데도 살을 (   ) 못했다고 아쉬워했다.

　① 빼다　　　　② 구하다　　　　③ 도입하다　　　　④ 배출하다

(2)
> • 이 기사는 게임의 부정적인 면을 (   ) 내용으로 가득하다.
> • 교수님은 다음 시간까지 반드시 과제를 제출해야 한다고 (   ).
> • 경제적인 발전만을 (   ) 문화적인 면의 전통적인 아름다움을 놓치기 쉽다.

　① 정하다　　　　② 강조하다　　　　③ 상상하다　　　　④ 선택하다

5 **다음 대화문을 보고 빈 칸에 적절한 단어를 써 보십시오.**

> 나타내다 바뀌다 받아들이다 성실하다 유지하다 지불하다 포기하다 활동하다

(1) A : 이 복사기를 사용하고 싶은데요, 비용은 얼마나 들까요?

　　B : 네, 복사를 얼마만큼 하는가에 따라 _____ 금액이 달라집니다.

(2) A : 너는 내일 체육대회에서 어떤 종목에 출전하기로 했어?

　　B : 나는 운동을 싫어하고 잘 못해. 그래서 체육대회 출전은 _____ 했어.

(3) A : 루다 씨는 사람을 평가할 때 무엇이 제일 중요하다고 생각합니까?

　　B : 네, 저는 능력이나 재능보다는 _____ 태도가 가장 중요하다고 생각합니다.

(4) A : 어제 우리 학교의 체육대회를 보았어요? 학생들이 정말 잘 뛰었지요?

　　B : 네, 그렇게 긴 시간 동안 뛰면 지칠 것 같은데 선수들이 포기하지 않더라고요. 경기에서 끝

　　까지 뛰려면 체력을 _____ 것이 제일 중요한 것 같아요.

(5) A : 지난해 축제는 학생들 모두 참여할 수 있는 재미있는 프로그램이 많아서 좋았는데 올해는

　　새로운 프로그램이 부족한 것 같지 않아?

　　B : 응, 올해는 학생들의 참여도 적고 재미있게 _____ 수 있는 프로그램도 별로 없는

　　것 같아.

(6) A : 동영 씨는 이번 한국문화학 기말고사에서 A 학점을 받았어요?

　　B : 아니요, 열심히 출석하고 과제물도 다 제출했지만 B 학점을 받았어요. 아쉽지만 결과를

　　_____ 앞으로 더 열심히 공부해야겠어요.

(7) A : 혹시 친친의 전화번호를 아는 사람이 있어?

　　B : 아니, 나도 모르겠어. 지난번에 친친에게 전화를 했는데 다른 사람이 받았어. 전화번호가

　　_____ 것 같아.

(8) A : 이 시에서 작가가 _____ 있는 주제가 무엇일까요?

　　B : 음, 잘은 모르지만 어머니의 사랑인 것 같아요.

문법

1 빈 칸에 들어갈 가장 알맞은 것을 고르십시오.

(1) 그는 아무리 몸이 _____ 약을 먹지 않는다.

① 아프지만 　　② 아프니까 　　③ 아파도 　　④ 아프며

(2) 그의 그런 행동은 모든 사람을 _____ .

① 놀랐다 　　② 놀라게 했다 　　③ 놀란다고 했다 　　④ 놀라지 말라고 했다

(3) 인생의 성공은 작은 _____ 시작된다는 것을 기억해야 한다.

① 실천에 　　② 실천까지 　　③ 실천에서 　　④ 실천으로부터

(4) 어머니는 나의 한국어 실력이 나날이 늘어가는 것이 _____ (이)라고 하셨다.

① 놀랍기 　　② 놀라워서 　　③ 놀랍기까지 　　④ 놀라울 따름

2 빈 칸에 적절한 단어를 고르십시오.

(1)
> 　여러분, 저는 처음 발표를 시작할 때 _____ 한국 문화가 더욱 발전하기 위해서는 전통문화를 무조건 지키기보다 새로운 것을 받아들이면서 전통적인 것과 조화를 이루는 방법을 찾는 것이 중요하다고 생각합니다.

① 이야기한 　　② 이야기해서 　　③ 이야기했듯이 　　④ 이야기는커녕

(2)
> 　나는 문학 분야 중 수필을 가장 좋아한다. 수필은 '붓 가는 대로' 쓰는 글이라는 의미이다. 여기에서 '붓'은 펜이나 필기도구를 말하고, '가는 대로'는 하나의 주제를 여러 번 고치거나 다듬지 않고 _____ 쓴다는 뜻이다. 수필은 작가의 마음에 떠오르는 대로 쓰는 글이기 때문에 가장 솔직한 장르라고 생각한다.

① 생각나서 　　② 생각하면서 　　③ 생각나는 대로 　　④ 생각하기 때문에

3 적절한 문법을 사용하여 문장을 완성해 보십시오.

> -(으)며 -아/어도 -게 하다 -(으)로부터 -(으)ㄴ/는 대로

(1) 업무가 _____ 다시 연락드리겠습니다.

(2) 더 이상 _____ 위로를 받을 수 없다는 사실이 힘들었다.

(3) 아무리 경제적으로 _____ 나는 부모님께 용돈을 받지 않는다.

(4) 한국에서의 유학 경험은 내가 국제적인 인재로 _____ .

(5) 그 소설은 독자에게 큰 감동을 _____ 작가의 새로운 가치관도 보여주었다.

4 적절한 문법을 선택하여 대화를 완성해 보십시오.

> -아/어 오다 -(으)ㄹ 따름이다 -듯이 -(으)며

(1) A : 어떤 기업이 경쟁력 있는 기업이라고 생각하고 있습니까?

　　B : 네, 경쟁력 있는 기업은 새로운 분야의 기술을 도입하는데 _____ 뛰어난 판단력으로 미래 산업을 계획하는 회사라고 생각합니다. (적극적이다)

(2) A : 요즘 전자 화폐가 경제적인 지불 수단이 되고 있다는 이야기를 들어봤어요?

　　B : 네, 시간의 흐름에 따라 문화가 _____ 화폐의 형태도 다양하게 변화하고 있지요.
　　　　　　　　　　　　　(달라지다)

(3) A : OO 대학은 어때요? 이곳을 졸업한 학생들은 어떤 일을 주로 하고 있나요?

　　B : 네, 이곳 대학은 사회의 여러 분야에서 영향력 있는 인재를 _____ .
　　　　　　　　　　　　　　　　　　　　(배출하다)

　　그래서 졸업 후에는 사회지도자와 기업인으로서 활동하고 있어요.

(4) A : 왕룽 씨, 처음에 1인 기업이었던 회사를 어떻게 지금처럼 크게 키울 수 있었어요?

　　B : 어렵지 않았어요. 저는 매일 기업인으로서 성공하는 제 자신을 _____ .
　　　　　　　　　　　　　　　　　　(상상하다)

⑤ 이유와 관련된 문법을 알아 봅시다

-(으)로 인해: 어떤 일의 원인이나 이유가 됨을 나타내는 표현. (명사(형)에 붙어) 어떤 일을 할 수 있거나 할 수 없는 이유를 설명할 때 사용한다.

- 예 작년 여름에는 폭우로 인해 농작물이 큰 피해를 입었다.
- 예 선생님의 도움으로 인해 그는 모든 일을 끝낼 수 있었다.
- 예 그는 병으로 인해 오랫동안 학업을 중단할 수밖에 없었다.

-는 바람에: 어떤 일이 원인으로 작용하여 그 결과가 일어남을 나타내는 표현. (동사에 붙어) 뒤에 일어나는 일의 부정적인 원인이 됨을 설명할 때 사용한다.

- 예 눈이 많이 내리는 바람에 운전을 할 수 없었다.
- 예 마지막 시험에서 떨어지는 바람에 졸업을 할 수 없었다.
- 예 문이 쾅 하고 닫히는 바람에 책상 위에 있던 책들이 바닥으로 떨어졌다.

-느라고: 앞의 것이 원인이나 이유가 되어 뒤의 사실이 일어났음을 나타내는 표현. (동사 또는 문장에 붙어) 앞의 일이 원인이 되어 뒤의 일을 실행하지 못했음을 설명할 때 사용한다.

- 예 동생은 요즘 밤새워 공부를 하느라고 건강이 나빠졌다.
- 예 올해는 아르바이트를 하느라고 책을 조금밖에 읽지 못했다.
- 예 어머니는 청소기를 돌리느라고 전화벨 소리를 듣지 못하셨다.

-아/어서 그런지: 어떤 일의 원인을 추측할 때 사용하는 표현. (또는 형용사에 붙어) 그러한지 그러하지 않은지 확실하지 않은 원인을 설명할 때 사용한다.

- 예 울어서 그런지 아기의 얼굴이 빨개졌다.
- 예 오랜만에 운동을 해서 그런지 온 몸이 다 아팠다.
- 예 휴일이라서 그런지 쇼핑몰에는 사람들이 무척 많았다.

6 적절한 표현을 선택해 보십시오.

(1) A : 요즘 맑은 하늘을 볼 수가 없어요.

　　B : 네, (환경오염으로 인해 / 환경오염이어서 그런지) 공기가 나빠지고 있어서 그래요.

(2) A : 어제 결석을 했지요? 어디 아팠어요?

　　B : 네, 배탈이 (나느라고 / 나는 바람에) 수업에 참석하지 못했어요.

(3) A : 이번 여름방학에 함께 여행을 가지 않을래?

　　B : 미안해, 나는 갈 수 없어. 새 컴퓨터를 (사느라고 / 사서 그런지) 저축을 못했어.

(4) A : 오늘 왜 이렇게 늦게 왔니?

　　B : 죄송합니다. 버스를 (놓치느라고 / 놓치는 바람에) 지각을 했습니다.

(5) A : (여름으로 인해 / 여름이어서 그런지) 비가 자주 오네요?

　　B : 네, 한국은 여름에 '장마'가 있어서 비가 많이 와요.

7 적절한 표현을 선택해 보십시오.

　　이제 서울과 같은 대도시는 (1) (공기오염으로 인해/공기오염이어서 그런지) 숨쉬기가 점점 더 힘들어지고 있다. 최근 심각해진 환경오염의 원인에는 자동차 매연, 미세 먼지 등이 있다. 특히 산업의 발달과 이동의 편리를 위해 급격히 늘어난 교통수단이 많은 양의 매연을 (2) (배출하는 바람에/ 배출하느라고) 자동차 수가 많은 대도시는 상황이 더욱 심각해지고 있다. 더불어 오염된 공기로 인해 국민의 건강에도 위기가 오고 있다. 공기오염이 (3) (심해져서 그런지 / 심해지느라고) 눈병이나 피부병에 걸리는 환자도 늘고 있으며 그중에서도 감기에 걸리고 기침을 하는 등 호흡기 질병에 걸리는 경우가 많아졌다.

8 아래의 그림을 보고, 주사위를 굴려 나오는 숫자만큼 이동하여 그 칸의 설명대로 해 보십시오.

- '가위바위보'를 해서 순서를 정하십시오.
- 이긴 사람이 먼저 주사위를 던져서 나온 숫자만큼 가십시오.
- 도착한 곳에 있는 문장을 읽고, 그곳의 단어나 문법을 이용해 대답하십시오.
- 맞으면 도착한 곳에 있고 틀리면 다시 전에 있던 곳으로 돌아가십시오.

출발!⇒	얼마동안 한국어를 공부해 왔어요?	한국에서 생활하는 데 어느 부분에 비용이 가장 많이 들어요?	한국의 음식 중에서 가장 좋아하는 음식이 무엇이에요? 구체적으로 이야기해보세요.	야호! (앞으로 네 칸 가세요)
				무엇인가 포기하고 후회한 적이 있어요? (후회하다)
한 번 더! (주사위를 한 번 더 던져요)	여러분의 인생에 가장 영향력이 있는 사람은 누구예요?	한국에서 대학을 졸업한 후에 계획이 있어요?	어려운 일을 극복해 본 경험이 있어요? 이야기해 보세요.	꽝! (한 번 쉬어요)
한국에 온 후에 무엇이 가장 달라졌어요?				
한 번 더! (주사위를 한 번 더 던져요)	여러분의 부모님은 여러분이 아플 때 무엇을 하게 했어요?	유학생활을 하면서 마음이나 몸이 지칠 때가 있어요?	아이쿠! (뒤로 세 칸 가세요)	야호! (앞으로 세 칸 가요)
				훌륭한 사람은 무엇을 잘 관리하는 사람일까요?
도착! ⇐	노래하세요! (노래 후에 1칸 가세요)	여러분은 어려울 때 누구로부터 도움을 받았나요?	상상한대로 이루어진 적이 있어요?	꽝! (친구에게 주사위를 줘요)

1 다음 글을 읽고 물음에 답하십시오.

최근 세계적인 온라인 쇼핑몰에서 가상 화폐를 사용할 수 있다고 발표했다. 이에 따라 국내 및 국제 소액결제 시장에서도 가상 화폐를 사용할 수 있는 분야가 확장되고 있다. 이제 커피 한 잔이나 피자를 살 때도 가상 화폐로 결제할 수 있게 되었다. 실제로 가상 화폐로 물건을 구입해 본 사람들은 결제 방법이 생각보다 쉽고 간단하다고 이야기한다. 그렇다면 빠른 시간 내에 대다수의 사람들이 가상 화폐를 자유롭게 사용하는 시대가 올까? 전문가에 따르면 가상 화폐가 대중적인 결제수단이 되려면 아직 몇 가지 문제를 해결해야 한다고 한다.

먼저, 화폐 가치가 불안정한 것이 문제이다. 가상 화폐의 가격이 자주 바뀌기 때문에 가상 지갑 속 화폐의 가치가 언제든지 떨어질 수 있다. 그리고 아직 안전한 보안 기술이 없으므로 온라인 해킹으로 큰 금액을 잃을 위험도 있다.

(1) 이 글의 주제로 적절한 것은 무엇입니까?

① 가상 화폐 사용의 불편함
② 가상 화폐의 구입과 판매 방법
③ 가상 화폐 사용을 위한 보안 기술
④ 가상 화폐 대중화를 위해 해결해야 할 문제

(2) 이 글의 내용과 일치하지 않은 것은 무엇입니까?

① 가상 화폐의 보안기술은 아직 안전하지 않다.
② 국내의 소액결제 시장에서는 대부분 가상 화폐를 사용하고 있다.
③ 가상 화폐가 대중적인 결제수단이 되려면 몇 가지 문제를 해결해야 한다.
④ 가상 화폐를 사용해 본 사람들은 가상 화폐 사용 방법이 쉽고 간단하다고 생각한다.

2 다음 글을 읽고 물음에 답하십시오.

과거의 기업도 오늘날의 기업과 같이 물건을 팔기 위해서는 알리는 일, 즉 '광고'를 해야 한다는 점에서 공통점을 지닌다. 그러나 과거의 전통적인 광고가 유명 연예인을 강조하고 많은 비용을 들여 광고회사를 통해 만들어왔던 것과 달리 최근의 광고는 적은 비용으로 일반인이 직접 만드는 사례가 많다. 또, 한 편의 광고를 만들어서 텔레비전과 라디오로 내보내 다수를 대상으로 광고했던 것과 달리 최근의 광고는 SNS를 통해 소비자와 1:1로 소통하고자 한다는 점에서 차이가 있다. 그렇다면 광고의 변화는 무엇 때문일까?

첫째, 소비자의 변화를 이야기할 수 있다. 최근 소비의 중심은 1990~2000년대에 태어난 젊은 사람들이다. 이들은 새로운 것을 좋아한다. 그러므로 계속적으로 변화하는 것들과 최신 유행을 보여줄 수 있어야 한다. 둘째, 소통 방식의 변화이다. 최근의 젊은이들은 일방적인 정보전달보다 쌍방향의 소통을 좋아한다. 이들은 자신이 사용한 물건이나 먹은 음식, 또는 경험한 것들을 자신의 SNS 등을 통해 공유하고 독자와 소통한다. 이 과정에서 그들이 소개한 것들은 독자에게 관심을 갖게 하고 광고의 역할을 한다. 그렇기 때문에 직접적이고 빠르게 원하는 정보를 입력하고 답을 구할 수 있는 인터넷 기반의 소통도구를 중심으로 하는 광고는 젊은 사람들에게 매우 효과적이다. 셋째, 시각적인 요소가 중요해졌기 때문이다. 젊은 소비자들에게 영향력 있는 것은 SNS, 모바일 어플리케이션, 동영상 등과 같은 시각적이고 이미지화된 미디어이다. '파워블로거'나 '1인 방송인'은 모두 최근의 미디어 영역에서 영향력을 가진 사람들로서 최근의 세계 소비시장을 움직이고 있다. 이러한 소통 중심의 미디어가 오늘날 소비로 연결되는 영향력 있는 매체가 되고 있다.

(3) 이 글의 주제로 적절한 것은 무엇입니까?

① 광고 시장의 변화　　　② 광고 시장의 영역
③ 광고 시장의 확장　　　④ 광고 시장의 도구

(4) 이 글을 읽고 유추할 수 있는 것으로 적절하지 <u>않은</u> 것은 무엇입니까?

① 광고 효과가 가장 큰 것은 1인 미디어 광고 형태이다.
② 젊은 사람들에게 영향력 있는 광고를 만들고 싶으면 쌍방향 소통의 미디어를 활용해야 한다.
③ 많은 비용을 들이는 것보다 독자와의 소통을 중심으로 해야 경쟁력 있는 광고를 만들 수 있다.
④ 최근 소비의 중심이 젊은 사람들이 되고 있으므로 광고시장도 젊은 사람을 중심으로 변화해야 한다.

쓰기

1 다음 자료를 참고하여 수업시간에 계산기를 사용하는 것에 대한 여러분의 생각을 주장하는 글의 형태로 써 보십시오.

반대 근거	찬성 근거
• 암산 능력 및 기초 수학지식 저하 • 창의력 저하	• 풀이 과정에 집중 • 수학의 핵심은 이해와 응용

2 여러분은 청소년들의 팬 문화에 대해 어떻게 생각합니까? 다음을 읽고 여러분의 의견을 근거를 대며 써 보십시오.

> 아이돌 그룹 팬클럽들의 선행이 주목을 받고 있다. 한 아이돌 그룹의 팬클럽은 그룹 멤버의 생일때마다 그 가수의 이름으로 양로원과 고아원에 쌀을 기부하고 있다. 또 다른 가수의 팬클럽은 가수 데뷔일마다 연탄 나르기 봉사를 한다.

> 최근 한 아이돌 가수가 작업실에 무단으로 침입하려고 한 사생팬을 경찰에 신고하는 사건이 발생했다. 사생팬은 개인 생활을 의미하는 사(私), 생(生)과 영어의 fan을 합친 단어로, 가수, 배우, 모델등의 연예인, 특히 아이돌의 사생활을 쫓아다니는 극성팬을 말한다.

3 다음 중 하나를 선택하여 한국과 여러분 나라를 비교하는 글을 써 보십시오.

> 전통 의상   전통 놀이   결혼식   진로   교육제도   문학 작품

06

언론의 자유

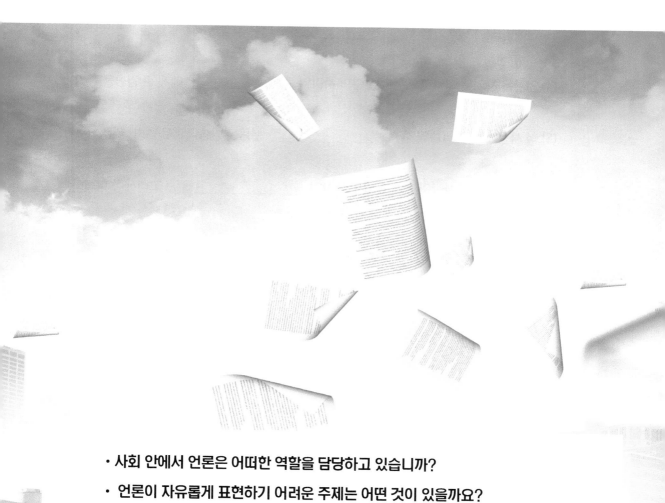

- 사회 안에서 언론은 어떠한 역할을 담당하고 있습니까?
- 언론이 자유롭게 표현하기 어려운 주제는 어떤 것이 있을까요?

1 **다음에서 적절한 어휘를 골라 빈칸에 알맞게 써 보십시오.**

> 대중　　　댓글　　　매체　　　여론　　　전파　　　제보자

(1) 신문, 잡지, 영화, 텔레비전 등의 _____을/를 통해 정보가 전달된다.

(2) 한국 가수들의 노래로 한국 문화가 여러 나라에 _____이/가 됩니다.

(3) 연예인의 기사에 악성 _____을/를 다는 사람들이 처벌을 받게 되었다.

(4) 언론은 사회를 이루고 있는 대부분의 사람인 _____에게 큰 영향을 준다.

(5) 이 사건에 대해 말씀해 주실 _____ 분들은 방송국으로 연락을 주십시오.

(6) 정부는 다수의 사람이 가지고 있는 생각인 _____을/를 고려해야 합니다.

문법

-기 마련이다
어떤 일이 그렇게 되는 것이 매우 당연한 것임을 나타낼 때 사용한다.

📷 나이가 들면 몸이 약해지<u>기 마련이다</u>.

에 따라
(명사에 붙어) 어떤 상황이나 사실, 기준에 의거하여 어떤 행위를 함을 나타낼 때 사용한다.

📷 성적<u>에 따라</u> 대학 합격 여부가 결정된다.

1 '**-기 마련이다**'를 사용해 문장을 완성해 보십시오.

(1) 기대가 크면 실망도 _____. (크다)

(2) 모든 일에는 장점과 단점이 _____. (있다)

(3) 겨울이 아무리 추워도 봄이 _____. (오다)

2 '**-에 따라**'를 사용하여 하나의 문장으로 만들어 보십시오.

(1) 경력에 따라 + 급여가 올라가다 → _____.

(2) 각 나라의 법 + 범죄자를 처벌하다. → _____.

(3) 사람의 성격 + 같은 말에도 반응이 다르다. → _____.

표현 1

중요한 내용 파악하기

강의를 할 때 강의자는 중요한 내용을 특별히 강조하여 말하게 된다. 즉, 중요한 내용은 또박또박 천천히 말하거나 다른 부분보다 강하게 말하거나 억양에 변화를 주기도 한다. '특히, 무엇보다도, 가장' 등의 표현을 사용하기도 하며, 아래의 표현을 사용하여 중요한 부분을 강조하기도 한다.

~을/를 반드시 기억해야 합니다.
강조하고 싶은 것은(요점은, 핵심은) ~입니다.
무엇보다도 ~이/가 중요합니다.
가장 중요한 것은 ~(이)라는 점입니다.

1 강의의 한 부분을 듣고 강조하는 부분이 무엇인지 써 보십시오.

(1)

현대 무용 감상

내용이 어떻게 진행되는지

안무가 무엇을 표현하는지

☆가장 중요한 것: _____의 _____에 집중하며 보기

(2)

글로벌 인재가 되는 방법

외국어 학습 → 여러 나라 사람들과 의사소통

☆가장 중요한 것 : 안전과 환경에 관련된 일을 할 때 _____에 따라
_____을/를 잘 지킬 것

(3)

중소기업의 _____ < 대기업의 수출

중소기업은 어떻게 해야 하나?

☆가장 중요한 것: 대기업이 진출하지 않은 _____을/를 노리자!

표현 2

반대 입장 밝히기

토론이란 어떤 주제에 대해 찬성, 반대 중 하나의 입장을 정하여 자신의 의견을 주장하는 말하기이다. 토론 중 상대방의 의견에 동의하지 않을 때에는 다음과 같은 표현을 사용한다.

제 생각은 좀 다릅니다.
저는 이 의견에 반대합니다.
상대방의 의견 의 의견에 동의할 수 없습니다.
상대방의 의견 (이)라고 하셨는데 저는 그렇게 생각하지 않습니다.

---

1 근거를 들어 상대의 주장에 대해 반대 입장을 밝혀 보십시오.

(1)

상대방의 주장	선의의 거짓말은 필요하다.
반대 의견	• 의견: 선의의 거짓말도 하면 안 된다. • 근거: 선의의 거짓말도 거짓말이므로 윤리적으로 잘못된 것이다.

(2)

상대방의 주장	보행 중 흡연을 법으로 금지해야 한다.
반대 의견	• 의견: 보행 중 흡연을 법으로 금지해서는 안 된다. • 근거: 흡연자들도 자신의 행동을 자유롭게 할 권리가 있다.

1 다음 그림과 문구를 보고 언론의 역할은 어떠해야 하는지 이야기해 보십시오.

1 잘 듣고 물음에 답하십시오. 15

(1) 이 강의의 주제는 무엇입니까?

    ① 언론의 개념   ② 언론의 변화   ③ 언론의 역할

(2) 이 강의에서 강조한 것은 무엇입니까?

    ① 언론은 더 많은 사람에게 정보를 제공해야 한다.
    ② 언론은 사회의 위험한 일들을 보도할 필요가 있다.
    ③ 언론은 자신들이 전달하는 내용에 책임감을 느껴야 한다.

2 잘 듣고 물음에 답하십시오. 16

(1) 들은 내용과 **다른** 것은 무엇입니까?

    ① 언론의 영향력이 과거보다 더 커지고 있다.
    ② 부정적인 영향력을 끼치는 언론이 늘어나고 있다.
    ③ 대중의 흥미를 유발하기 위해 근거없는 보도도 나오고 있다.

(2) 이 강의에서 강조한 것은 무엇입니까?

    ① 매체가 다양해져야 한다.
    ② 언론은 긍정적인 영향을 끼쳐야 한다.
    ③ 언론은 정확한 자료를 전달해야 한다.

듣기 2

1 아래의 그림을 보고 '표현의 자유'가 어디까지 허용되어야 하는지 생각해 보십시오.

익명성 뒤에 숨어 타인을 공격하는 것도 범죄입니다.

2 잘 듣고 물음에 답하십시오.

(1) 이 강의의 주제는 무엇입니까?

① 언론의 다양한 역할
② 언론의 책임과 자유
③ 언론의 보도와 관련된 법

(2) 잘 듣고 필기를 메모의 형태로 완성해 보십시오.

＊ 언론의 역할 : ① _____ ② _____ ③ _____

＊ 언론의 올바른 태도 : ④ _____

＊ 대중이 언론에 관심을 가져야 하는 이유 : ⑤ _____

3 잘 듣고 물음에 답하십시오.

(1) 이 강의에서 말하지 <u>않은</u> 것은 무엇입니까?

① 언론의 자유의 범위
② 언론의 자유가 침해된 사례
③ 언론의 잘못된 보도의 영향력

(2) 들은 내용과 <u>다른</u> 것은 무엇입니까?

① 언론은 공인의 정보를 시민들에게 노출하지 않는다.
② 언론을 통해 전달되는 잘못된 보도는 여러 곳에 전파된다.
③ 대중들은 언론이 어떤 태도로 내용을 보도하는지 관심을 가져야 한다.

(3) 강의에서 가장 중요하다고 강조한 것은 무엇입니까?

① 언론은 법과 윤리를 지키며 보도를 해야 한다.
② 언론이 초상권을 침해하지 않도록 주의해야 한다.
③ 언론은 아무런 방해를 받지 않고 모든 내용을 표현할 수 있어야 한다.

4 다음을 보고 댓글에 대한 여러분의 의견을 친구들과 나눠 보십시오.

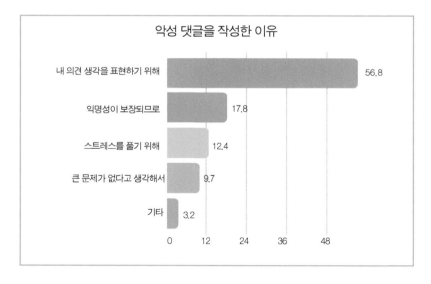

토론하기

1 공인 관련 보도에 대한 여러분의 의견을 이야기해 보십시오.

> 전 대통령의 사생활 취재.
> 24시간 개인 주거 공간까지 촬영.

> 공인의 사생활 보도,
> 사실이라면 모두가 알도록 해야 정당하다.

2 근거를 들어 상대의 주장에 대해 반대 입장을 밝혀 보십시오.

(1)

상대방의 주장	가상 화폐의 문제점을 해결하기 위해서 어떻게 해야 할까?
반대 의견	• 의견: 대중의 알 권리를 위해 공인의 사생활의 일부를 공개해야 한다. • 근거: 공인의 일상 모습 속에서 윤리성, 도덕성을 확인할 수 있기 때문이다.

(2)

상대방의 주장	대중의 알 권리를 위해 공인의 사생활을 공개해야 한다.
반대 의견	• 의견: 대중의 알 권리보다 개인의 보호받을 권리가 더 중요하다. • 근거: 공인들도 사생활을 보호 받을 기본적 권리를 가지고 있다.

3 '언론의 자유와 사생활 보호'에 대한 자신의 의견에 표시하고, 이에 대한 근거를 찾아 써 보십시오.

주장	☐ 공인의 사생활을 보호하는 것 보다 대중의 알 권리가 더 중요하다. ☐ 대중의 알 권리를 위해 공인의 사생활을 침해해서는 안 된다.
근거	• • •

4 알권리와 사생활 보호 중 어느 것이 중요하다고 생각하는지, 찬성과 반대의 입장으로 나누어 토론을 해 보십시오.

5 토론 내용을 바탕으로 알권리와 사생활 보호에 대한 자신의 입장을 써 보십시오.

1 다음에서 적절한 어휘를 골라 빈칸에 알맞게 써 보십시오.

> 영향력   책임감   흥미   내보내다   커지다   확실하다

(1) 자신의 일을 _____ 있게 끝내야 한다.

(2) 방송은 매우 큰 _____을/를 가지고 있다.

(3) 큰 사건이 발생하여 방송사에서 드라마 대신 뉴스를 _____.

(4) 그 사람은 자꾸 _____ 않은 내용을 말해서 사람들이 믿지 않는다.

(5) 학생들이 수업을 잘 듣지 않아서 선생님은 목소리가 점점 _____.

(6) 많은 외국 사람들이 한국어를 배우는 일에 _____을/를 가지고 있다.

2 다음에서 알맞은 어휘를 골라 빈칸에 알맞게 써 보십시오.

> 방해　　정보　　참여　　심각하다　　이끌다　　자유롭다

(1) 비가 일주일동안 멈추지 않고 계속 와서 도시 곳곳에 피해가 _____.

(2) 여행 계획을 세울 때에는 가려고 하는 곳에 대한 _____을/를 알아야 한다.

(3) 컴퓨터를 하려고 하는데 고양이가 자꾸 왔다 갔다 해서 _____이/가 되었다.

(4) 내 친구는 매일 정해진 시간에 출근하지 않고 _____ 일하는 프리랜서이다.

(5) 학생들이 많이 말하고 표현할 수 있도록 분위기를 _____ 선생님이 좋은 선생님이다.

(6) 한국어 말하기 대회에 많은 외국인 학생들이 _____을/를 하여 한국어 실력을 보여 주었다.

07

현대인과 건강

- 여러분은 자신의 건강 상태를 잘 알고 있습니까?
- 건강을 위해 어떤 노력을 해 나갈 수 있을까요?

1 다음에서 적절한 어휘를 골라 빈칸에 알맞게 써 보십시오.

> 고생　　근육　　졸음　　충격　　여유롭다　　풍부하다

(1) 매일 운동을 해서 _____을/를 만들면 몸이 탄탄해진다.

(2) 회사를 그만두고 나면 돈도 시간도 넉넉하니까 _____ 여행을 다닐 거야.

(3) 여행을 한 경험이 _____ 영진이는 친구들에게 여행 정보를 많이 알려 준다.

(4) 처음 한국에 왔을 때 한국어도 어렵고, 문화도 달라 _____을/를 많이 했었다.

(5) 기말 시험이 다가오자 승규는 밀려 오는 _____을/를 참아가며 열심히 공부했다.

(6) 바닥에 푹신한 매트를 깔아 두면, 아이들이 넘어질 때 받는 _____이/가 줄어든다.

-다시피

듣는 사람이 지각하고 있는 것과 같음을 나타낸다. 보다, 듣다, 알다 등과 함께 사용한다.

예 아까 보셨다시피 영화관에는 자리가 없습니다.

-(으)므로

이유나 근거를 나타내는 연결어미. 앞의 내용이 뒤에 오는 내용의 이유나 근거임을 나타낸다. 주로 문어에서 사용한다.

예 겨울에는 밖이 추우므로 실내에 머무는 시간이 길다.

1 '-다시피'를 사용해서 문장을 완성해 보십시오.

(1) _____ 이번 주에는 공사가 예정되어 있습니다. (듣다)

(2) 재호는 게임을 좋아해서 PC방에서 거의 _____. (살다)

(3) 선생님도 _____ 그 학생은 듣기는 잘 못하지만 말하기를 잘해요. (알다)

2 '-(으)므로'를 사용해서 문장을 완성해 보십시오.

(1) 이 학생은 한국어 실력이 _____ 장학금을 수여하도록 하겠습니다.
(우수하다)

(2) 운동을 하면 땀을 많이 _____ 운동을 하며 수분을 보충해야 합니다.
(흘리다)

(3) 오늘은 미세 먼지가 _____ 노약자 및 어린이는 외출을 삼가시기 바랍니다.
(심하다)

표현 1

발표를 할 때, 듣는 사람의 이해를 돕기 위해 '사진, 그림, 그래프' 등의 시각자료가 자주 쓰인다. 시각 자료를 적절히 활용하면 듣는 사람의 흥미를 끌 수 있고 이해를 도울 수 있다.

이 [사진, 그림, 그래프]은/는 주제 에 대한 것입니다.
주제 의 [사진, 그림, 그래프]을/를 함께 확인해 보겠습니다.
주제 에 대해 조사한 결과를 함께 살펴보겠습니다.

1 다음을 보고 시각 자료를 제시하는 내용을 이야기해 보십시오.

(1) 한국 음식 상차림

(2) 외국인이 좋아하는 한식 메뉴

(3) 취업 준비에 좋다고 생각되는 장소는?

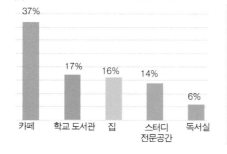

조사 결과 설명하기

조사 결과를 설명할 때에는 가장 높게 답한 비율과 가장 낮게 답한 비율을 제시해야 한다. 이때 순위가 높은 것에서 순위가 낮은 것의 순서로 설명하는 것이 바람직하다.

(조사 주제)에 의하면 (조사 항목)이/가 [몇]위로 나타났습니다.
(조사 주제)에 따르면 (조사 대상)은/는 [조사 응답 내용]이라고 답했습니다.
(조사 주제)에 대한 조사 결과, (조사 항목)이/가 (%)를 차지했습니다.
(조사 항목)이/가 (%)로 가장 높고 (조사 항목)이/가 (%)로 가장 낮았습니다.

2   다음을 보고 조사 결과를 설명해 보십시오.

(1) 여가 시간에 하는 활동

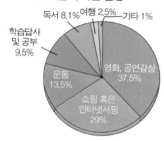

독서 8.1% 여행 2.5% 기타 1%
학습답사 및 공부 9.5%
운동 13.5%
쇼핑 혹은 인터넷서핑 29%
영화, 공연감상 37.5%

(2) 미세먼지로 경험한 피해

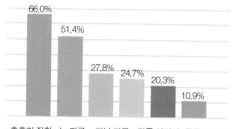

66.0%   51.4%   27.8%   24.7%   20.3%   10.9%

■호흡기 질환 ■눈 자극 ■피부 자극 ■각종 알러지 ■두통 ■기타

(3) 행복에 영향을 미치는 요인(복수응답)

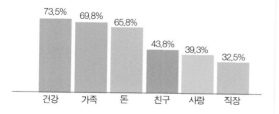

73.5%   69.8%   65.8%   43.8%   39.3%   32.5%

건강   가족   돈   친구   사랑   직장

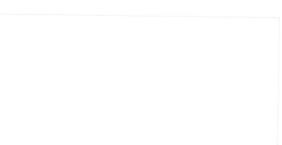

1 다음을 보고 사회생활과 건강에 대해 이야기해 보십시오.

(1) 직장인의 질병

(2) 피로 해소 방법

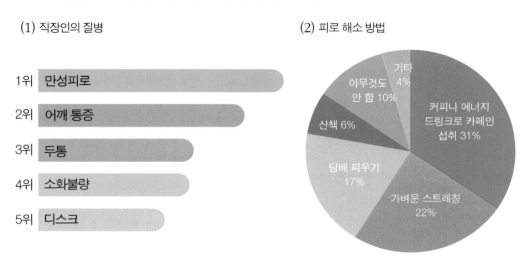

2 다음을 보고 사회생활과 건강에 대해 이야기해 보십시오.

(1) 만성 피로의 원인

(2) 점심시간 식사 외 활동 (복수응답)

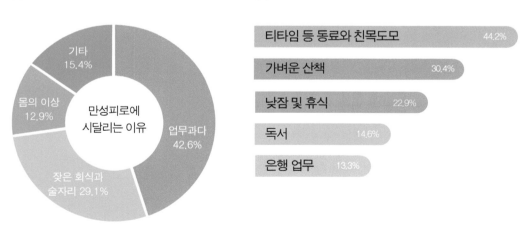

3 사회생활과 건강에 대해 조사하여 발표해 보십시오.

말하기 2

1 다음을 보고, 대학생활과 건강에 대해 이야기해 보십시오.

(1) 수면시간

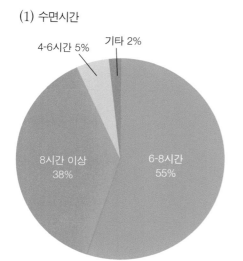

(2) 건강을 위해 하는 것

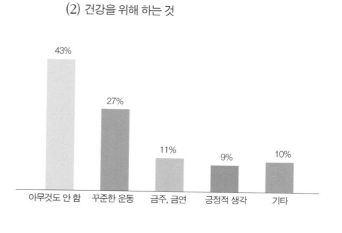

2 반 친구들을 대상으로 대학생활과 건강에 대해 조사해 보십시오.

(1) 일주일에 몇 번 운동하나요?

① 한 달에 1~2번 미만 ☐
② 일주일에 1회 정도 ☐
③ 일주일에 2~3회 정도 ☐
④ 매일 ☐

(2) 평균 수면 시간은 얼마나 되나요?

① 4시간 미만 ☐
② 4~6시간 ☐
③ 6~8시간 ☐
④ 8시간 이상 ☐

(3) 건강을 지키기 위해 무엇을 하나요?

① 아무것도 안함 ☐
② 금주 & 금연 ☐
③ 꾸준한 운동 ☐
④ 긍정적 생각 ☐

(4) 학생들이 만들어서 설문하기로 한 부분

① ☐
② ☐
③ ☐
④ ☐

3   대학 생활과 건강에 대해 조사한 내용을 아래 표에 정리해 보십시오.

주제	대학생활과 건강
목차	
조사내용	
조사 결과	

4   위에서 정리한 내용을 바탕으로 대학생활과 건강에 대해 발표해 보십시오.

5   친구들이 자주 먹는 음식이 무엇인지 조사하고 그것이 몸에 어떤 영향을 주는지에 대해 이야기해 보십시오.

1 다음에서 적절한 어휘를 골라 빈칸에 알맞게 써 보십시오.

> 비중   여럿   일시적   조절   시달리다   쓸데없다

(1) 이런 힘든 일은 혼자하기보다는 _____이/가 함께 하는 것이 낫다.

(2) 부모님은 늘 내게 방에 가득한 _____ 물건을 갖다 버리라고 하신다.

(3) 가전제품을 구매할 때는 디자인보다 실용성에 _____을/를 두는 편이다.

(4) 운전을 할 때는 속도가 너무 빠르거나 늦지 않도록 _____을/를 해야 한다.

(5) 내 친구는 매일 지나친 업무에 _____ 결국 사표를 내고 회사를 그만두었다.

(6) 콘서트 도중 갑자기 너무 많은 비가 내려 콘서트가 _____(으)로 중단
되었다.

2 다음에서 적절한 어휘를 골라 빈칸에 알맞게 써 보십시오.

> 단계   별도   한동안   꾸준하다   든든하다   멀쩡하다

(1) 과도한 스트레스로 힘이 들어서 _____ 일을 하지 않고 쉬기로 결정했다.

(2) 어제 저녁에 뷔페 식당에서 _____ 저녁을 먹었더니 아직도 배가 부르다.

(3) 아무 문제 없이 _____ 보이던 친구가 갑자기 어지럽다고 하며 주저앉았다.

(4) 이 가수는 전세계 사람들에게 _____ 인기를 얻고 있는데 그 이유가 궁금하다.

(5) 선생님은 나에게 현재의 급보다 _____이/가 높은 중급 반에서 공부하라고 하셨다.

(6) 우리 호텔은 조식을 기본으로 제공하지 않으며, _____의 요금을 지불해야 한다.

08

사물 인터넷 세상

- 여러분은 사물 인터넷을 언제 주로 활용합니까?

- 미래의 생활은 현재와 비교하여 어떻게 달라질까요?

1 다음에서 적절한 어휘를 골라 빈칸에 알맞게 써 보십시오.

> 정보   통신   필수   향상   현실   혜택

(1) 국민 소득의 _____(으)로 소비가 늘고 있다.

(2) 이력서에는 이름, 학력을 _____(으)로 써야 한다.

(3) 지수는 프랑스 여행을 갈 계획이라 관광지의 _____을/를 알아보고 있다.

(4) 민준이는 지금의 _____에 만족하지 않고 끊임없이 새로운 것에 도전한다.

(5) _____이/가 발달하면서 외국에 있는 친구와도 쉽게 연락할 수 있게 되었다.

(6) 이 여행사는 오래 일한 직원에게 가족 여행을 다녀올 수 있는 _____을/를 준다.

문법

-(으)나

    앞에 오는 말과 뒤에 오는 말의 내용이 서로 다름을 나타내는 연결 어

🔵예 공부는 열심히 <u>했으나</u> 성적이 잘 안 나왔다.

은/는커녕

    앞의 말을 강조하여 부정하는 뜻을 나타내는 조사

🔵예 나는 <u>점심은커녕</u> 아침도 못 먹었다.

1 '-(으)나'를 사용해 문장을 완성해 보십시오.

    (1) 이 가게의 물건은 값은 _____ 질이 좋지 않다. (저렴하다)

    (2) 제가 할 수 있을지는 _____ 열심히 해 보겠습니다. (모르겠다)

    (3) 유민이는 매우 _____ 부모님 앞에서 눈물을 참으려 애썼다. (슬펐다)

2 '은/는 커녕'을 사용해 문장을 완성해 보십시오.

    (1) _____ 지하철 탈 돈도 없다. (택시)

    (2) 회사 일이 많아 _____ 주말도 없다. (휴가)

    (3) 승규는 _____ 숙제도 하지 않아 걱정이다. (예습)

중심 문장 파악하기

중심 문장은 문단의 처음이나 마지막에 나오는 경우가 많다. 그런데 중심 문장이 두드러지지 않거나 두 문단 이상의 글에서 중심 문장을 파악해야 할 경우에는 핵심어를 찾아 중심 문장을 만드는 것이 바람직하다.

중심 내용 + (예1) + (예2)	예부터 명절마다 특별히 먹는 음식이 있었다. (설에는 떡국을 먹었고, 정월대보름에는 오곡밥과 부럼을 먹었다.) (그리고 추석에는 송편과 토란국을, 동지에는 팥죽을 먹었다.)
(근거1) + (근거2) + 중심 내용	(환경오염의 피해는 결국 인간에게 돌아온다.) (자연은 우리 아이들이 살아가야 할 공간이다.) 그러므로 지금부터라도 환경을 보호하기 위해 노력해야 한다.

1 **다음 글을 읽고 중심 문장에 밑줄을 그어 보십시오.**

(1)   세금으로 우리가 매일 다니는 길, 가로등, 다리 등을 만든다. 공원이나 도서관, 박물관 등도 세금으로 짓는다. 경찰관이나 소방관의 월급도 세금에서 나간다. 세금은 국민들이 편리하고 안전한 생활을 하기 위해 필요한 여러 곳에 쓰인다. 정부가 세금으로 만든 시설을 이용하려면 세금을 꼬박꼬박 잘 내야 한다.

(2)   조상들은 동물의 행동을 통해 비가 오는 것을 예상했다. 예를 들어 '개구리가 울면 비가 온다.'라는 말이 있다. 비가 오기 전에는 습도가 높아져 개구리들이 호흡량을 늘리기 위해 많이 울게 된다. 또, '제비가 낮게 날면 비가 온다'라는 말도 있다. 제비는 날면서 먹이를 먹는데, 습도가 높아지면 제비의 먹이인 곤충들의 날개가 무거워져 낮게 날게 된다.

(3)   한글의 모음은 하늘과 땅, 사람의 모습을 따라 만들었다. 'ㆍ'은 하늘의 둥근 모양을 나타내고, 'ㅡ'은 땅을, 'ㅣ'는 사람이 서 있는 모양을 따라 만든 것이다. 그리고 'ㅏ'는 'ㅣ'와 'ㆍ'를 합쳐서 만든 글자이다.
  자음은 어떻게 만들었을까? 'ㄱ'은 'ㄱ' 소리를 낼 때 혀가 목을 막는 모양이고, 'ㄴ'은 혀가 윗잇몸에 닿는 모양이다. 'ㅁ'은 입술 모양이고, 'ㅅ'은 이, 'ㅇ'은 목구멍의 모양이다. 이렇게 자음은 그 소리를 내는 발음 기관을 따라 만들었다.

표현 2

끼어들기

토론 중에는 상대방의 말이 끝난 후 자신의 의견을 이어서 이야기하는 경우가 많다. 그러나 상대방이 잘못된 정보를 말하거나 자신이 제시한 의견을 잘못 이해한 경우 상대방이 말하는 중간에 즉시 의견을 이야기해야 하는 경우도 있다. 이런 때에는 주로 아래와 같은 표현을 사용한다.

아, 아니 잠시만요.
근데 제 생각은 다릅니다.
말씀 중에 끊어서 죄송하지만
그것에 대해서는 제가 먼저 말씀드리겠습니다.

1 다음 논제에 대한 상대방의 의견을 듣다가 자신의 의견을 이야기해 보십시오.

(1) • 논제: 독서와 동영상 시청

> 책을 읽으면 상상력이 풍부해지고, 다양한 간접 경험을 할 수 있습니다. 그래서 책을 읽는 것이 중요합니다.

> _____
> _____
> 간접 경험은 동영상을 통해 더 많이 할 수 있다고 생각합니다. 정보를 더욱 빠르고 쉽게 접할 수 있기 때문입니다.

(2) • 논제: 외국어 조기 교육

> 어릴 때부터 외국어를 배우면 발음도 좋아지고, 커서 외국어 때문에 스트레스를 받지 않게 됩니다.

> _____
> _____
> 커서 외국어 때문에 스트레스를 받지 않는다고 하셨는데, 어릴 때 받는 스트레스는 더 큽니다.

(3) • 논제: 병원 수술실 CCTV 설치

> 의사의 인권이 환자의 생명보다 중요하기 때문에 수술실에 CCTV를 설치하면 안된다고 하셨는데

> _____
> _____
> 의사의 인권이 환자의 생명보다 중요하다고 말씀드린 것은 아닙니다.

1 다음 기사의 일부를 읽고 사물 인터넷의 위험한 점에 대해 이야기해 보십시오.

> ### '사물 연결'은 '사물 위험'으로 이어질 수 있어
>
> CCTV가 인간의 삶을 안전하게 해 줄 것인가? 간단한 프로그램만 설치하면 다른 사람의 집에 있는 CCTV를 볼 수 있다. 이런 문제는 영화나 소설에서도 자주 이야기된다. 얼마 전에는 첨단 기술의 스마트홈에 사는 가족이 집 안의 스마트 장비 때문에 위험에 빠지는 영화도 나왔다.

2 잘 읽고 물음에 답하십시오.

> ### 사물 인터넷의 위험성
>
> 컴퓨터와 휴대 전화를 넘어서 냉장고, 에어컨, 자동차 등 모든 사물이 인터넷에 연결된다면 우리의 삶은 얼마나 바뀔까? 사물 인터넷은 모든 사물이 인터넷에 연결돼 서로 소통하며 정보를 공유하는 기술이다. 이미 자동차의 스마트키, 버스 카드, 스마트 홈 시스템 등 사물 인터넷은 우리 생활 속에 들어와 있고, 머지않아 본격적인 사물 인터넷 시대가 시작될 것이다. 실내외 모든 기기가 정보를 사용자에게 보내면 사용자는 그 정보로 편리하게 살 수 있겠으나 사물 인터넷이 곳곳에 활용되면 그동안 상상하지 못했던 여러 가지 문제가 생길 수 있다.
>
> 현재 사물 인터넷의 가장 큰 문제로 꼽히는 것은 바로 보안 문제다. 모든 사물이 인간의 정보를 가지고 있다면, 그 정보는 사생활 침해 문제가 생길 수 있다. 또 정보 관리에 문제가 생겼을 때 해결하기는커녕 어떤 사물 때문에 잘못된 것인지 찾지 못 할 수도 있다. 그 뿐 아니라 사물이 서로 소통한다면 인간과 사물을 어떻게 구분할지 애매해진다.

(1) 각 문단의 중심 문장을 찾아 써 보십시오.

　　① 첫 번째 문단: _____

　　② 두 번째 문단: _____

(2) 읽은 내용과 <u>다른</u> 것을 고르십시오.

　　① 이미 스마트키, 버스 카드 등에서 사물 인터넷이 활용되고 있다.
　　② 사물들이 서로 소통하더라도 인간의 의사소통과는 차이가 있다.
　　③ 사물이 인간의 정보를 가지고 있다면 인간의 사생활에 문제가 생길 수 있다.

1 사물 인터넷 시대에 우리의 일상생활은 어떻게 바뀔까요? 사진을 보고 이야기해 보십시오.

2 다음을 읽고 중심 문장에 밑줄 그어 보십시오.

> 출근 시간에 교통사고가 나 길이 막힌다는 뉴스가 나온다. 뉴스를 접한 휴대전화가 스스로 알람을 평소보다 일찍 울린다. 자고 있는 주인을 깨우기 위해 전등이 켜지고, 시간에 맞춰 빵이 구워지고 커피가 끓여진다. 출근 준비를 마친 주인이 집을 나서자 집안의 전기와 가스가 자동으로 꺼진다. 영화나 소설에 나오던 일들이 현실이 되고 있다. 사물 인터넷은 인간의 상상을 현실로 만들어 주는 기술이다.

3 잘 읽고 물음에 답하십시오.

> ### 사물 인터넷의 편리함
>
> 출근 시간에 교통사고가 나 길이 막힌다는 뉴스가 나온다. 뉴스를 접한 휴대전화가 스스로 알람을 평소보다 일찍 울린다. 자고 있는 주인을 깨우기 위해 전등이 켜지고, 시간에 맞춰 빵이 구워지고 커피가 끓여진다. 출근 준비를 마친 주인이 집을 나서자 집안의 전기와 가스가 자동으로 꺼진다. 영화나 소설에 나오던 일들이 현실이 되고 있다. 사물 인터넷은 인간의 상상을 현실로 만들어 주는 기술이다.

사물들이 인터넷으로 연결돼 서로 정보를 주고받고 소통하면서 인간의 삶은 더욱 편리해질 것이다. 먼저 사고 위험을 줄일 수 있다. 무인 자동차는 운전자가 보기 어려운 것을 보고 자동차가 스스로 피하도록 해서 교통사고를 방지해 줄 것이다. 또한 화재 위험도 감소할 수 있다. 집에 가스불을 켜 놓고 나가더라도 집주인이 외출한 것을 감지한 여러 사물들이 가스 불을 끌 것이기 때문이다.

사물 인터넷은 평범한 일상뿐 아니라 응급 상황에서도 매우 도움이 된다. 응급 상황이 발생했을 때 지금까지는 목격한 사람이 신고를 하고 병원에서 가족에게 연락해야 했지만, 사물 인터넷 세상에서는 가족에게 연락하기는커녕 경찰에 신고할 필요도 없다. 가로수, 전봇대 등 주변의 다양한 사물이 상황을 인식해 119에 신고하고, 병원까지 교통을 통제하고, 가족들에게 연락을 해 줄 것이기 때문이다.

이밖에 사물 인터넷은 농업 분야, 우주과학 분야 등 모든 분야에서 활용될 수 있다. 사물 인터넷 시대는 사물 간 소통을 함으로써 인간에게 시간적 여유와 편리함을 제공해 줄 것이다. 물론 심각한 보안 문제가 생길 것이라고 우려하는 사람들도 있으나, 시스템을 끊임없이 점검하고, 보안 프로그램을 개발하면서 대비하면 된다. 사물 인터넷 시대는 이미 현실이 되고 있다. 그러므로 시대의 변화를 받아들이며 여유와 편리함을 즐기는 마음이 필요하다.

(1) 위 글과 같은 종류의 글은 무엇입니까?

① 전통을 지켜야 한다는 주장을 쓴 글
② 공연을 본 후 공연의 내용과 느낌을 쓴 글
③ 사람들의 행동을 성격에 따라 분류하여 쓴 글

(2) 각 문단의 중심 내용을 써 보십시오.

① 두 번째 문단: _____

② 세 번째 문단: _____

③ 네 번째 문단: _____

(3) 글쓴이와 다른 생각을 하고 있는 사람은 누구입니까?

① 미나: 시대가 바뀌면 발전된 기술의 편리함을 잘 이용하는 것도 중요해.
② 지우: 보안 프로그램을 개발하더라도 심각한 보안 문제가 생길 수 있어 걱정이 돼.
③ 하준: 사물이 서로 소통하면 위험한 일도 줄고 시간적 여유도 생겨서 좋을 것 같아.

4 사물 인터넷 시대의 학교 교육은 **어떻게 변화할 것 같습니까?** 친구들과 상상하며 이야기해 보십시오.

토론하기

1 인간과 로봇은 친구가 될 수 있을까요? 앞으로 인간과 로봇은 어떤 관계를 가지게 될
것 같은지 이야기해 보십시오.

AI 로봇, 인간에게 해로울까   A대학 '로봇, 자폐증 환자에게 도움

2 상대방의 의견을 듣다가 자신의 의견을 이야기해 보십시오.

(1)
> 인간의 감정을 느끼고, 감정을 표현하는 공
> 감 능력이 뛰어난 로봇이 개발되고 있습니다.

> _____
> 로봇의 공감 능력을 인간의 공감 능력과 같다고 할
> 수 있을까요?

(2)
> 로봇은 단순한 기계일 뿐입니다. 휴대 전
> 화를 하루 종일 가지고 있어도 친구라도 느
> 끼지 않는 것처럼 로봇도 우리의 삶을 편리
> 하게 해주는 하나의 도구 일뿐입니다.

> _____
> 그러나 혼자 사는 노인이나 자폐증을 가진 아이들
> 은 로봇을 친구로 느낀다는 조사 결과도 있습니다.

(3)
> 로봇과 학습하면서 학생들의 호기심, 도
> 전 정신, 창의성, 협동성 등이 향상되었다
> 는 연구 보고도 있습니다.

> _____
> 그렇다고 친구라고 할 수는 없습니다. 컴퓨터나 책
> 을 보면서 공부해도 호기심이나 도전 정신 등이 좋
> 아질 수 있습니다.

(4)

로봇의 감정은 프로그램으로 입력한 정보일 뿐입니다. 기계와 감정을 나눈다면 오히려 인간에게 혼란을 줄 수 있습니다.

인간은 새로운 환경에 언제나 적응해 왔습니다. 그리고 로봇 강아지를 키우고 있는 사람들은 애완견과 차이를 느끼지 못한다고 합니다.

3 인간과 로봇의 관계에 대한 자신의 의견에 표시하고, 이에 대한 근거를 찾아 써 보십시오.

의견	□ 인간과 로봇은 진정한 친구가 될 수 있다. □ 로봇은 인간의 삶을 편리하게 도와주는 기계일 뿐이다.
근거	· · ·

4 필요한 부분에서 끼어들기를 하며 인간과 로봇의 관계에 대한 찬반 토론을 해 보십시오.

5 토론 내용을 바탕으로 인간과 로봇의 관계에 대한 주장과 근거를 정리해 보십시오.

1 다음에서 적절한 어휘를 골라 빈칸에 알맞게 써 보십시오.

> 삶   곳곳   본격적   꼽히다   소통하다   활용되다

(1) 그 영화는 인간의 _____와/과 죽음에 대해 이야기한다.

(2) 박선욱은 이번 대회에서 가장 강력한 우승 후보로 _____.

(3) 건물 앞 공터는 다음 달부터 주차 공간으로 _____ 예정이다.

(4) 나는 청각 장애인인 친구와 마음을 _____ 위해 수화를 배웠다.

(5) 어제 일기예보에서 다음 주부터 _____(으)로 더워질 것이라고 했다.

(6) 거실과 방에 꽃을 가져다 놓았더니 집안의 _____에서 좋은 향기가 나서
   좋다.

2 다음에서 적절한 어휘를 골라 빈칸에 알맞게 써 보십시오.

피하다   대비하다   방지하다   인식하다   심각하다   평범하다

(1) 면접시험을 _____ 위해 예상 문제를 뽑아 보았다.

(2) 나는 갑자기 쏟아지는 비를 _____ 건물 안으로 들어갔다.

(3) 저출산으로 인한 인력난이 _____ 사회적 문제로 떠오르고 있다.

(4) 이 문은 집 주인의 얼굴을 _____ 자동으로 열리는 기능을 가지고 있다.

(5) 우리 회사에서는 하천 오염을 _____ 세제를 개발하기 위한 연구를 시작했다.

(6) 중학생 때 가수가 되어 친구들처럼 _____ 학교생활을 하지 못한 것이 아쉽다.

09

환경과 발전

- 환경을 오염시키는 원인에는 어떤 것들이 있습니까?
- 환경문제를 해결하기 위해서는 무엇을 해야 할까요?

1 **다음에서 적절한 어휘를 골라 빈칸에 알맞게 써 보십시오.**

| 기후 | 밀림 | 생태계 | 자연 | 파괴하다 | 보호하다 |

(1) 부모는 아이들을 _____ 의무가 있다.

(2) 댐은 자연 환경과 _____ 에 큰 영향을 미친다.

(3) 자연을 _____ 행위를 막기 위해서는 시민 각자의 노력이 필요하다.

(4) 우리 지역은 _____이/가 아름다워 관광객의 발길이 끊이지 않는다.

(5) 아마존의 _____ 지역은 산소를 많이 만들기 때문에 개발하지 말아야 한다.

(6) 이곳의 따뜻한 _____은/는 바나나와 같은 열대 과일을 키우기에 적합하다.

문법

-다가는

앞선 행동이나 상태가 계속되면 부정적인 상황이나 의외의 결과가 생기게 될 것임을 나타내는 연결어미.

예 출발을 계속 <u>늦추다가는</u> 차를 놓칠 것이다.

-는 한

앞에 오는 말이 뒤의 행위나 상태에 대해 전제나 조건이 됨을 나타내는 표현

예 가족들이 함께 <u>있는 한</u> 아무리 큰 어려움이 있어도 극복할 수 있다.

1 '-다가는'을 사용해 문장을 완성해 보십시오.

(1) 할 일을 자꾸 _____ 나중에 다 할 수 없을 만큼 쌓일 것이다. (미루다)

(2) 덥다고 하루 종일 에어컨을 _____ 전기 요금이 많이 나올 것이다. (켜다)

(3) 자전거를 타고 빨리 _____ 큰 사고가 날지도 모르니 조심해야 한다.
    (달리다)

2 '-는 한'을 사용해 문장을 완성해 보십시오.

(1) 택시를 _____ 제시간에 도착할 수 없다. (타다)

(2) 우리 팀이 힘을 _____ 결승전에 갈 수 없다. (합치다)

(3) 부모님께 용돈을 _____ 독립했다고 할 수 없다. (받다)

> **근거 제시하며 주장하기**

주장하는 글은 자신의 의견을 내세워 다른 사람을 설득하기 위해 쓰는 글이다. 다른 사람을 설득하기 위해서는 자신의 주장을 뒷받침할 수 있는 객관적인 근거를 제시하는 것이 중요하다.

나는 [주장] 라는 의견에 찬성/반대한다. [근거] 기 때문이다.
[근거] (이)라는 점에서 나는 [주장] (이)라고 생각한다.
[근거] 의 사례를 통해서도 알 수 있듯이 [주장] 아/어야 한다.
[근거] (이)라는 점에서 나는 [주장] (이)라고 생각한다.
나는 [주장] 아/어야 한다는 입장이다. 그 이유는 다음과 같다.

1   다음 기사의 제목을 보고 근거를 제시하며 주장하는 글을 써 보십시오.

대학생들, 봉사활동을 통해 봉사의 중요성 깨달아(A신문)
대학에서의 봉사활동이 졸업 후에도 이어지는 비율 높아(B신문)

- 주장: 대학의 봉사활동 과목 의무화에 찬성한다.
- 근거: (1) 봉사활동 과목을 통해 전에는 몰랐던 봉사의 중요성을 깨달을 수 있다.

　　　　(2) 대학에서 했던 봉사활동이 평생의 습관으로 이어지는 경우가 많다.

2   다음 기사의 제목을 보고 근거를 제시하며 주장하는 글을 써 보십시오.

A대학 연구팀, 동물실험 중 동물을 학대한 것으로 드러나 (C신문)
동물실험을 대체할 수 있는 방법들 속속 개발 (D신문)

- 주장: 동물실험 금지에 찬성한다.
- 근거: (1) 동물실험은 동물을 학대하는 반윤리적 행위이다.

　　　　(2) 동물실험을 대체할 수 있는 방법들이 많이 있다.

현황 제시하며 문제 제기하기

주장하는 글을 쓰는 방법에는 여러 가지가 있다. 그중 대표적인 것이 현황을 제시한 후 문제를 제기하는 방식이다. 이런 글의 경우 사회적으로 관심을 끌고 있는 문제의 현황을 제시하고 거기서 발견되는 문제점을 제기하는 순서로 진행된다.

현황 제시	지난 ○○년 간 (현황) 아/어지고 있다. 최근 (주제) 에 대한 관심이 늘고 있다.
문제 제기	-(이)라는 점에서 문제가 심각하다. 이러한 현상이 지속되면 ○○문제가 생길 것이다

1 다음 현황을 보고 문제를 제기해 보십시오.

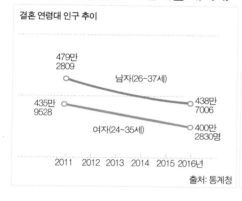

- 현황: 결혼 연령대 인구가 꾸준히 감소하고 있다.
- 문제: 결혼 연령대 인구의 감소로 출산율이 낮아질 것이다.

2 다음 현황을 보고 문제를 제기해 보십시오.

- 현황: 청년 실업률이 지속적으로 증가하고 있다.
- 문제: (1) 청년 실업률 증가는 고급 인력의 낭비로 이어진다.
  (2) 청년 실업률 증가는 국가 경쟁력 악화를 가져온다.

1 다음은 일회용품 사용 문제에 관한 자료입니다. 다음 자료가 의미하는 것에 대해 생각
해 보십시오.

2 일회용품 사용에 찬성하는 글을 써 보십시오.

• 주장 : 일회용품 사용에 찬성한다.

• 근거 : 일회용품은 한 번 쓰고 버리기 때문에 위생적이다.

　　　일회용품은 간편하게 쓰고 버릴 수 있기 때문에 유용하다.

3 일회용품 사용에 반대하는 글을 써 보십시오.

• 주장 : 일회용품 사용에 반대한다.

• 근거 : 일회용품을 이대로 계속 사용했다가는 지구 전체가 쓰레기로 가득찰 것이다.

　　　일회용품을 계속 사용하는 한 처리에 드는 비용의 증가를 막을 수 없다.

1 아래 그림을 보고 물음에 대해 같이 이야기해 보십시오.

아마존 밀림 나라별 분포

가이아나
수리남
프랑스령 기아나
베네수엘라
콜롬비아
에콰도르
아마존
면적: 700만 km²(남미 전체 면적 40%)
거주인구: 브라질 등 9개국가 3천만명
(3분의 2 가량이 브라질)
페루
볼리비아
브라질

• 아마존 밀림은 누구의 소유일까요?

• 아마존 밀림 개발 문제에 우리가 관심을 가져야 하는 이유는 무엇일까요?

• 아마존 밀림을 보호해야 하는 이유는 무엇일까요?

• 경제발전을 위해 아마존 개발이 불가피하다는 브라질의 주장에 어떻게 대답할 수 있을까요?

2 다음은 밀림 개발을 찬성 혹은 반대하는 근거들이다. 찬성의 근거인지 반대의 근거인지 선택해 보십시오.

(1) 밀림 개발은 생태계를 파괴한다. (찬성/반대)

(2) 집짓기나 가구 제작에 필요한 목재를 얻을 수 있다. (찬성/반대)

(3) 밀림을 개발해 토지로 만든다면 농부들의 소득이 늘어난다. (찬성/반대)

(4) 밀림 개발로 얻은 수익을 국가 경제 발전을 위해 사용할 수 있다. (찬성/반대)

(5) 밀림을 개발하면 밀림에 살고 있는 사람들이 생활터전을 잃게 된다. (찬성/반대)

(6) 밀림을 개발하면 오염물질을 깨끗하게 해 주는 나무들이 사라져 환경문제가 (찬성/반대)
더 심각해진다.

3 밀림(숲) 개별에 대한 주장을 제시하고, 주장을 뒷받침하는 근거를 찾아보십시오.

현황	아마존 개발로 1시간에 128개의 축구경기장 넓이에 해당하는 밀림이 사라지고 있다.
문제 제기	밀림 개발로 환경 문제가 더 심각해질 수 있다.
주장	☐ 밀림 개발에 찬성한다. ☐ 밀림 개발에 반대한다.
근거	· · · ·

4 밀림(숲) 개발에 대한 여러분의 주장을 나타내는 글을 써 보십시오.

5 아래 그림을 보고 물음에 대해 이야기해 보십시오.

북극 빙하 역대최소 면적 기록

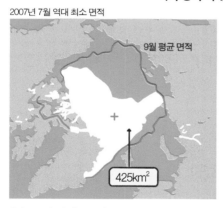

2007년 7월 역대 최소 면적

2018년 8월 현재 면적

- 북극 빙하가 줄어들면 어떤 문제가 발생할까요?
- 북극 빙하가 줄어든 이유는 무엇일까요?
- 북극 빙하 감소 문제를 해결하기 위해 무엇을 해야 할까요?

1 다음에서 적절한 어휘를 골라 빈칸에 알맞게 써 보십시오.

> 악영향   위생   인체   간편하다   버리다   유용하다

(1) 휴지는 쓰레기통에 _____ 것이 좋다.

(2) 이 책은 취업준비생들에게 매우 _____.

(3) 이번에 새로 나온 청소기는 사용하기에 _____.

(4) 요즘 _____ 검사를 철저히 하지 않는 가게들이 많다.

(5) _____에 해로운 물질이 나오는 제품을 판매 금지해야 한다.

(6) 컴퓨터 모니터에서 나오는 전자파는 눈에 _____을/를 끼친다.

2 다음에서 적절한 어휘를 골라 빈칸에 알맞게 써 보십시오.

> 가구   농민   목재   여과   오염   집

(1) 사람에게는 들어가 살 _____이/가 필요하다.

(2) 그는 _____만을 써서 식탁과 의자를 만들었다.

(3) 이 지역은 _____이/가 매우 심각해서 사람이 살 수 없다.

(4) 새로 이사 갈 곳에는 식탁이나 탁자와 같은 _____이/가 하나도 없다.

(5) _____이/가 농사를 짓지 않으면 우리는 이렇게 맛있는 쌀밥을 먹을 수 없다.

(6) 대학생들이라면 신문에 나오는 내용을 _____ 없이 그대로 수용해서는 안 된다.

10

익히고 다지기 2

1 다음 빈 칸에 적절한 단어를 써 넣으십시오.

		가.		B	
				다.	C
나.	A				
			D		
E			라.		
마.				바.	

가로 열쇠

가. 맡아서 해야 할 일이나 의무를 중요하게 여기는 마음
나. 일을 하고 그 대가로 받는 돈
다. 어떤 사실이나 현상을 관찰하거나 측정하여 모은 자료를 정리한 지식
라. 귀중하고 꼭 필요함
마. 일을 하지 않는 시간. 또는 일을 하는 중간에 생기는 여유로운 시간
바. 학식과 능력을 갖추어 사회적으로 크게 쓸모가 있는 사람

세로 열쇠

A. 한 사회의 사람들이 공통적으로 가지고 있는 의견
B. 일이나 대상에 대하여 마음에 일어나는 느낌이나 기분
C. 위험하거나 곤란하지 않게 지키고 보살핌
D. 다른 것과 비교했을 때 가지는 중요성의 정도
E. 여러 사람이 같이 하는 어떤 일에 끼어들어 함께 일함
F. 사물이나 사건 등이 성립되는 중요한 원인

2 다음 문장의 빈 칸에 적절한 단어를 찾아 넣으십시오.

> 멸종　　비중　　역할　　전파　　충격　　혜택　　본격적

(1) 희귀동물의 _____ 원인을 파악하고 대책을 세워야 한다.

(2) 발전한 문명의 _____(으)로 현대인들의 생활은 편리해졌다.

(3) 이 영화는 남자 주인공보다 여자 주인공의 _____이/가 높다.

(4) 겨울에 길에서 미끄러지면서 허리에 큰 _____을/를 받았다.

(5) 사회생활을 할 때에는 각자의 _____을/를 충실히 수행해야 한다.

(6) 서론은 여기까지이고, 이제 _____으로 주제에 대해 설명하겠습니다.

3 다음 단어의 뜻으로 적절한 것과 연결하십시오.

(1) 고생　　•　　　　　　• ① 더러운 상태가 됨

(2) 근육　　•　　　　　　• ② 꼭 있어야 하거나 해야 함

(3) 매체　　•　　　　　　• ③ 어떤 사실을 널리 전달하는 물체나 수단

(4) 수준　　•　　　　　　• ④ 사람이나 동물의 몸을 움직이게 하는 힘줄

(5) 오염　　•　　　　　　• ⑤ 괴롭거나 어렵고 힘든 일을 겪음. 또는 그런 생활

(6) 통신　　•　　　　　　• ⑥ 사물의 가치나 질 등을 판단하는 기준이 되는 정도

(7) 필수　　•　　　　　　• ⑦ 우편이나 인터넷, 전화 등으로 정보나 소식 등을 전달함

4 다음 빈 칸에 공통으로 들어가기에 적절한 단어를 고르십시오.

(1)
> • 책임을 _____ 권리만 주장해서는 안 된다.
> • 건강을 지키려면 과음을 _____ 것이 좋다.
> • 그 사람은 자꾸 내 시선을 _____ 다른 곳만 보았다.

① 돌리다　　② 피하다　　③ 가지다　　④ 외면하다

(2)
> • 날씨가 쌀쌀하니 옷을 _____ 입으세요.
> • 어머니는 아들이 있어서 언제나 _____.
> • 용돈을 받아 주머니가 _____ 기분이 좋다.

① 두껍다　　② 튼튼하다　　③ 대기하다　　④ 든든하다

5 **다음 대화문을 보고 빈 칸에 적절한 단어를 써 보십시오.**

> 꼽히다 　 꾸준하다 　 내보내다 　 대비하다
> 심각하다 　 쓸데없다 　 중지하다 　 확실하다

(1) A : 이번 학기에 발표를 두 번이나 해야 한다는 게 정말이야?

　　B : 맞아. 내가 어제 강의실에서 ＿＿＿＿ 들었어.

(2) A : 이 가수는 사람들에게 오랫동안 ＿＿＿＿ 인기를 얻고 있는 것 같아.

　　B : 가창력도 좋고, 사회에 기부 활동 등도 많이 해서 이미지도 좋으니까.

(3) A : 준호 씨는 왜 보조 배터리를 항상 가지고 다녀요?

　　B : 아, 네. 중요한 연락을 혹시 못 받을 것에 ＿＿＿＿ 가지고 다니게 됐어요.

(4) A : 실업 문제는 각자가 노력하고 눈높이를 낮추어서 일자리를 찾으면 해결됩니다.

　　B : 아닙니다. 실업 문제는 개인적인 문제를 넘어서는 사회적으로 ＿＿＿＿ 문제입니다.

(5) A : 환경 보호 단체에서는 왜 이 터널의 공사를 ＿＿＿＿ 하는 거죠?

　　B : 터널을 만들면 이곳에 사는 동물들의 서식지가 파괴될 위험성이 높아서 그런 것 같아요.

(6) A : 정리를 잘 하려면 어떻게 해야 할까요? 방에 물건이 산처럼 쌓여 있어요.

　　B : ＿＿＿＿ 물건들이 무엇인지 확인하고 고민없이 바로 버리는 것이 좋아요.

(7) A : 우리 회사의 신제품을 어떻게 홍보하는 것이 효과적일까요?

　　B : 신문과 인터넷 포털 사이트에 광고를 ＿＿＿＿ 여러 이벤트도 진행하면 어때요?

(8) A : 저 사람이 올림픽의 우승 후보로 ＿＿＿＿ 사람이라면서요?

　　B : 네. 맞아요. 몇 년 동안 계속해서 100m 달리기 세계 1위의 기록을 가지고 있는 사람이에
요.

문법

1 빈 칸에 들어갈 가장 알맞은 것을 고르십시오.

(1) 뉴스에서 _____ 공기 질이 나쁠 때 노약자는 외출을 삼가야 합니다.

① 이야기하고서 ② 이야기는커녕 ③ 이야기하다가는 ④ 이야기했다시피

(2) 그 친구는 성적이 _____ 좋은 회사에 취직할 겁니다.

① 우수하니까 ② 우수하나 ③ 우수하나마 ④ 우수하고자

2 다음 밑줄 친 부분과 의미가 비슷한 것을 고르십시오.

(1) 자연재해에 적절히 대비하는 한 심각한 피해는 막을 수 있을 것이다.

① 대비하듯이 ② 대비하면 ③ 대비할 뿐 ④ 대비해서

(2) 현실이 아닌 가상의 세계에만 관심을 가지다 보면 현실이 잊히기 마련이다.

① 잊히면 안 된다 ② 잊히게 된다 ③ 잊히면 좋다 ④ 잊혀 간다

3 다음 빈 칸에 적절한 표현을 고르십시오.

(1)
> 미세먼지는 각종 산업 현장에서 물건을 생산해내는 과정과 자동차의 연소 등에서 주로 배출이 된다. 이외에 담배연기, 조리, 벽면의 물질 등과 같은 실내 오염 원인으로부터 발생되기도 한다. 이 미세먼지는 인체에 미치는 영향이 매우 _____ 이것에 무관심한 사람도 많다. 이러한 미세먼지의 심각성을 무시하다가는 적극적인 해결 방안은 마련되기 어려울 것이다.

① 크나 ② 커서 ③ 크므로 ④ 크기 때문에

(2)
> 언론을 통해 전달되는 잘못된 보도는 빠른 시간 내에 많은 사람들에게 퍼질 수 있다. 최근 개인의 SNS에 올린 사진이 해외에서 판매되는 의류에 인쇄되어 초상권이 침해받는 사례도 있었다. 피해자는 심각한 정신적 고통을 느끼고 있다고 보도되었다. 이렇게 한번 훼손된 명예나 인권은 쉽게 회복되기 힘들다. 또한 피해자의 정신적 고통이 매우 _____ 언론이 어떤 내용을 보도할 때는 무엇보다도 법과 윤리를 잘 지키는 태도를 가지는 것이 중요하다. 언론의 보도 태도에 따라 대중들은 언론을 믿을지 말지 결정하게 될 것이다.

① 심각하게 ② 심각하므로 ③ 심각한 덕분에 ④ 심각하기는 커녕

4 적절한 문법을 선택하여 대화를 완성해 보십시오.

> -다가는   은/는 커녕   -는 한   에 따라

(1) A : 이렇게 비를 계속 _____ 옷이 다 젖어버리겠어.
                         (맞다)

     B : 우리 잠깐 근처 커피숍에 들어가서 쉬다가 갈까?

(2) A : 어떻게 하면 시간을 낭비하지 않을 수 있을까요?

     B : 계획을 세우고 _____ 생활하면 좋을 것 같습니다.
                         (그것)

(3) A : 대학 생활은 즐거워요?

     B : 네. 아직 한국 생활이 낯설지만 즐겁게 지내고 있어요.

     A : 전공 공부도 잘 되고 있어요?

     B : _____ 한국어를 알아 듣는 것도 아직은 가끔 어려워요.

     (전공 공부)

(4) A : 우리 택시를 타고 갈까요?

     B : 오늘 주말이라서 차가 많이 막힐 텐데…….

     A : 그래도 편하게 가는 게 좋잖아요.

     B : 흠. 오늘은 주말이라서 지하철을 _____ 제 시간에 도착할 수 없을 거예요.
                                   (타다)

5 다음 문법을 사용하여 하나의 문장으로 만드십시오.

> -(으)나   -는 한   -다가는   -다시피   -(으)므로

(1) 이미 안내가 되었다, 오늘은 강의가 없는 날이다.

_____

(2) 공부를 열심히 했다, 성적이 잘 안 나왔다.

_____

(3) 쇼핑을 지나치게 하다, 저축을 하나도 못할 것이다.

---

6 이유와 관련된 문법을 알아 봅시다

-(으)ㄹ 것 같다: -추측을 나타내는 표현.-(동사나 형용사, '이다, 아니다'에 붙어) 말하는 사람이 어떤 일에 대해 추측함을 나타낸다. 여러 상황으로 미루어 추측하는 말을 할 때 주로 사용한다.
- 예 한국어는 어려울 것 같았습니다.
- 예 길이 막혀서 늦을 것 같아요.
- 예 수업이 빨리 끝날 것 같아요.

-나 보다: -말하는 사람의 추측의 뜻을 나타내는 표현.-(동사, '있다', '없다'에 붙어) 어떤 사실이나 상황으로 미루어 볼 때 그런 것 같다는 추측을 나타낼 때 사용한다.
- 예 사람들이 우산을 쓴 것을 보니 밖에 비가 오나 봐요.
- 예 유진 씨는 늘 일등을 해요. 정말 공부를 열심히 하나 봐요.
- 예 비행기가 움직이는 걸 보니까 이제 출발하나 봐요.

-(으)ㄹ 모양이다: 간접적인 경험이나 연관된 상황을 바탕으로 추측해 말할 때 쓴다.
- 예 저 사람은 이제 곧 번지점프를 할 모양이에요.
- 예 이 신발은 사이즈가 안 맞아서 아무래도 바꿔야 할 모양이에요.

-(으)ㄹ지도 모르다: -가능성 등을 나타내는 표현.-(동사나 형용사, '이다, 아니다'에 붙어) 어떤 상황이나 일이 가능함을 나타낸다. 가능성에 대해 말할 때 주로 사용한다.
- 예 우리는 걱정만 하고 있지만, 잘 될지도 몰라요.
- 예 머리가 길고 치마를 입었지만, 남자일지도 몰라요.
- 예 외국인에게는 한국에서 버스를 타는 일이 힘들 지도 몰라요.

7 적절한 표현을 선택하십시오.

(1) 두 사람이 다정한 걸 보니 (연인인 모양이다. / 연인일 모양이다.)

(2) 열이 나고 추운 걸 보니 감기에 (걸렸나 보다. / 걸릴지도 모른다.)

(3) 나는 조금 전에 간식을 먹어서 떡볶이를 다 못 (먹을 것 같다. / 먹나 보다.)

(4) 매일 매진인 것을 보니 이 영화가 (재미있나 보다. / 재미있을지도 모른다.)

(5) 이번 달까지 가스 요금을 내지 않으면 가스가 (끊어질 모양이다. / 끊어질지도 모른다.)

(6) 진수가 며칠 동안 아프다고 죽만 먹더니 밥을 하는 걸 보니까 오늘부터는 밥을 (먹을 모양이다. / 먹을지도 모른다.)

8 빈 칸에 적절한 표현을 써 보십시오.

대중교통이 아닌 승용차로 이동을 할 때, 주차를 할 곳을 찾지 못해 시간을 낭비하거나 불법 주차를 하는 사례를 볼 수 있다. 그런에 앞으로는 이러한 현상이 (1) _____ . 최근 무인 주
(사라지다)

자창 시스템 어플이 등장하여 효율적으로 주차를 할 수 있는 서비스를 제공하기 시작했기 때문이다. 이 시스템이 널리 활용되면, 몇 년 이내에 모든 주차장을 무인 주차장으로 운영하는 것이
(2) _____ 통신 기술의 발달을 이용해 일상의 문제들을 해결하는 솔루션 사업은 앞으로
(가능하다)
도 경쟁이 (3) _____ .
(치열하다)

9 아래의 그림을 보고, 주사위를 굴려 나오는 숫자만큼 이동하여 그 칸의 설명대로 해 보십시오.

- '가위바위보'를 해서 순서를 정하십시오.
- 이긴 사람이 먼저 주사위를 던져서 나온 숫자만큼 가십시오.
- 도착한 곳에 있는 문장을 읽고, 그곳의 단어나 문법을 이용해 대답하십시오.
- 맞으면 도착한 곳에 있고 틀리면 다시 전에 있던 곳으로 돌아가십시오.

출발! ⇒	요즘 꾸준히 하고 있는 것은 뭐예요?	뉴스에는 어떤 영향력이 있나요?	자연을 보호하지 않으면 환경이 어떻게 될까요?	적절한 휴식이 없으면 어떻게 될까요?
				'자연'과 관련이 있는 단어 4개를 말하세요!
스트레스를 어떻게 풀어요?	한 번 더! (주사위를 한 번 더 던져요)	한국에서 대학을 졸업한 후에 계획이 있어요?	야호! (앞으로 네 칸 가요)	꽝! (한 번 쉬어요)
본격적으로 배우고 싶은 것은 뭐예요?				
한 번 더! (주사위를 한 번 더 던져요)	여러분의 미래는 무엇의 영향을 많이 받을 것 같아요?	통신의 발달로 어떤 혜택이 있어요?	아이쿠! (뒤로 두 칸 가요)	공해를 줄이려면 무엇을 해야 할까요?
				건강을 악화시키는 습관에는 어떤 것이 있을까요?
도착! ⇐	'ㄱ'으로 시작하는 단어 5개를 말하세요!	기대와 다른 결과를 얻었던 적이 있나요?	건강을 관리하려면 무엇을 조절해야 할까요?	꽝! (한 번 쉬어요)

읽기

1 다음 글을 읽고 물음에 답하십시오.

　여론은 사람들이 가지고 있는 하나의 생각과 판단을 의미한다. 이 의견이 어떠한지 평가를 하기도 하고, 이 여론이 계속하여 유지되고 있는가 변화하고 있는가를 알고자 하는 것이 여론조사의 목적이다. 여론조사는 사람이 직접 대상을 만나 인터뷰를 진행하여 실시하는 방식, 통신망을 활용하여 간접적으로 의견을 확인하는 방식으로 할 수 있다. 통신망을 이용한 조사 방식은 근현대 이후로 활용된 방식이다. 최근에는 중앙 정부나 지방 정부의 정책 조사, 각종 기업의 시장 조사 등을 수행하는 여론조사 회사들이 늘어나고 있다. 이와 같이 다양한 방법으로 다양한 회사에서 진행되는 여론조사는 어디에 어떻게 활용이 되는 것일까?

　우선 여론 조사를 통해 누가 대통령이나 국회의원이 될지 정치적인 결과를 얻기고 하고, 사회적인 것에 대한 의견을 확인할 수도 있다. 예를 들어 특정 지역의 버스 노선이 현재 적절한가를 주민들에게 묻고, 노선을 변경하거나 연장하는 일에 반영하기도 한다. 지역의 예산을 편성할 때 주민들이 참여하여 의견을 제시하는 사례로 점차 증가하고 있다. 기업에서도 여론 조사를 활용한다. 새로운 제품을 출시하면 일부 소비자에게 먼저 신제품을 체험할 기회를 주고 제품에 대한 의견을 수집한 후 이를 반영하여 이후 홍보의 방향성을 결정하는 것 등이 그 예이다. 출판사에서도 새로운 책을 만들 때 다양한 표지 샘플을 공개하고 독자들의 선호도를 조사하여 결과를 반영한 출판물을 만들기도 한다.

(1) 이 글의 주제로 적절한 것은 무엇입니까?

　　① 여론조사의 활용
　　② 여론조사의 목적
　　③ 여론조사의 개념
　　④ 여론조사의 방식

(2) 이 글의 내용과 일치하는 것은 무엇입니까?

　　① 여론은 정치에 대한 의견을 묻는 것만을 의미한다.
　　② 여론은 통신망의 발달로 그 조사 방식이 변화했다.
　　③ 여론은 한 번 형성되면 변하지 않고 계속 유지된다.
　　④ 여론은 주민들이 지역의 정책에 참여할 수 있게 한다.

2 다음 글을 읽고 물음에 답하십시오.

　　일회용품은 같은 용도로 다시 사용하는 것을 고려하지 않고 한번 사용하고 버리도록 만들어진 제품이다. 일회용품은 생활을 편리하게 하지만 환경오염을 심각하게 만드는 원인이 되므로 일회용품의 사용을 자제하면 환경 보존에 도움이 된다. 또한 쓰레기를 처리하는 것에 드는 비용이 감소되어 가정과 국가의 경제가 튼튼해진다. 이를 위해 최근 한국에서는 일회용품의 사용 규제 제도를 더 강하게 적용하기로 하였다.

　　우선, 식품을 판매하는 곳에서도 일회용 봉투 및 쇼핑백을 공짜로 제공하는 것이 금지되었다. 이제는 제과점 등에서도 비닐봉투를 공짜로 나눠주는 것이 금지된 것이다. 그러나 제품에 가루가 발생하여 별도로 보관을 해야 하는 제품 등의 경우에는 비닐 봉투를 공짜로 제공하는 것이 가능하며, 종이봉투 역시 공짜로 제공할 수 있다. 다음으로, 음식을 판매하는 매장 내에서 '일회용 접시, 일회용 수저'를 사용하는 것이 금지되었다. 식당을 운영하는 주인의 입장에서는 무거운 그릇을 이용하는 것, 설거지를 하는 것 등이 번거로우나 식당이나 커피숍 등에서 쏟아지듯 나오는 일회용품 쓰레기의 배출을 막을 수 있다.

(1) 이 글의 주제로 적절한 것은 무엇입니까?

　　① 일회용품의 사용규제 제도 개념
　　② 일회용품의 사용규제 제도 강화
　　③ 일회용품의 사용규제 적용 업소
　　④ 일회용품의 사용구제 적용 비용

(2) 이 글을 읽고 유추할 수 있는 것으로 적절하지 않은 것은 무엇입니까?

　　① 일회용품을 처리하는 데 드는 비용이 가정 경제에도 영향을 주는구나.
　　② 예전에는 비닐 봉투나 종이 봉투 등을 대부분 공짜로 제공해 왔었구나.
　　③ 이제 커피숍에서 일회용품을 사용하는 것을 당연히 생각하면 안되겠구나.
　　④ 식품을 판매하는 곳에서는 언제나 비닐봉투는 돈을 주고 사야만 하겠구나.

1 다음 자료를 참고하여 현대인의 수면 장애의 원인과 현황을 메모하고, 이에 대해 설명하는 글을 써 보십시오.

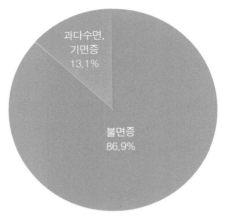

수면 장애의 원인	수면 장애의 현황

2 병원 수술실에 CCTV를 설치하는 것에 대해 어떻게 생각합니까? 여러분의 의견을 근거를 대며 써 보십시오.

3 '10년 후 사물 인터넷 시대와 일상 생활'을 주제로 하여 글을 써 보십시오.

듣기 지문

Track 1.

지난 시간에는 억양에 대해 살펴보았습니다. 억양에 따라 들은 말이 명령인지 질문인지 구분할 수 있을 뿐만 아니라 말하는 사람의 태도도 알 수 있다고 했습니다.

Track 2.

'한국 문학의 이해' 두 번째 시간입니다. 오늘은 1960년대 소설을 살펴보고, 이어서 그 시대의 작가에 대해 이야기해 봅시다.

Track 3.

지난 시간에는 동물의 분류에 대해 살펴보았습니다. 생물은 동물과 식물로 나눌 수 있다고 한 거 생각나지요? 지금부터는 식물의 분류에 관하여 알아봅시다.

Track 4.

지금까지 2차 세계대전에 대해서 알아봤는데요. 앞서 이야기했듯이 2차 세계대전은 역사 상 가장 큰 피해를 남긴 끔찍한 전쟁이었습니다. 앞으로 이런 전쟁은 없어야겠지요? 오늘은 여기까지 하겠습니다.

Track 5.

빅뱅 이론은 여기까지 이야기하고요. 다음 시간에는 태양계의 행성들, 즉, 지구 주위를 도는 별에 관한 이야기를 하겠습니다. 다음 수업에 오기 전에 여러분도 지구 주위의 별에 대해서 한번 찾아보세요.

Track 6.

중세 시대 건축 중 오늘은 프랑스 지역의 고딕 양식에 대해 알아봤는데요. 이때의 건축은 모두 종교와 관련이 있다고 할 수 있겠지요? 그럼 같은 시기에 한국에서는 어떠한 건축물을 만들었을까요? 다음 시간에는 고려 시대 건축에 관해 살펴보겠습니다. 그럼 다음 시간에 계속하지요.

이번 주의 주제는 화폐입니다. 화폐, 그러니까 돈은 언제 쓰나요? 네. 물건을 사거나 서비스를 이용할 때 사용하죠. 하지만 이럴 때만 돈을 사용하는 건 아닙니다. 물건을 사려면 돈을 내야 하는데, 그러려면 물건의 가치가 정해져 있어야 하겠지요. 예를 들어 같은 펜이지만 디자인이 어떤지, 얼마나 오래 쓸 수 있는지 등에 따라 가치가 달라집니다.

돈은 이렇게 물건이나 서비스의 가치를 나타내 주는 역할도 합니다. 이 밖에도 돈은 다양한 기능을 가지고 있지요. 그래서 돈은 경제 활동이 있는 모든 곳에 쓰여 왔습니다. 그럼 지금부터 돈이 어떻게 쓰이는지, 화폐의 기능에 대해서 자세히 알아보겠습니다.

네. 지금까지 화폐의 기능에 대해 알아봤는데요. 정리하자면 화폐는 크게 세 가지, '교환 및 지불 수단으로서의 기능, 가치 측정의 기능, 가치 보장의 기능'을 갖는다고 할 수 있겠죠? 돈은 기본적으로 가치 보장의 기능을 갖고 있지만, 화폐의 기본적 기능이 무엇인지에 대해 학자마다 차이가 있다고 했습니다. 화폐의 기능에 대해서는 여기까지 하겠습니다. 그런데 여러분, 사람들은 언제부터 돈을 사용했을까요? 돈을 처음 사용한 건 지금으로부터 5000년 전으로 보고 있습니다. 다음 시간에는 5000년 동안 돈이 어떻게 변화하고 발전해 왔는지에 대해 알아보겠습니다.

경제학은 돈을 빼고는 말할 수 없습니다. 지난 시간부터 화폐에 대해서 이야기하고 있지요. 지난 시간에는 화폐의 기능에 대해 살펴보았습니다. 돈은 주로 물건을 사는 데 사용하지만 가치 측정의 기능, 가치 보장의 기능도 갖는다고 이야기했습니다. 그럼, 오늘은 화폐가 왜 생겼고, 어떻게 변화해 왔는지, 배경과 변화에 관하여 알아보겠습니다.

네. 지금까지 화폐가 생긴 배경과 변화에 대해서 알아봤는데요. 물건 교환이 시작된 후 교환을 편리하게 하기 위해 화폐가 만들어졌다고 했습니다. 지금으로부터 약 5000여년 전부터 화폐가 쓰이기 시작했고, 이 화폐는 점점 편리하게 바뀌어 왔습니다. 즉, 물품화폐에서 금속 화폐로, 동전과 지폐로 발전했고, 이어서 오늘날 주로 쓰이는 신용 카드가 나타났지요. 그럼 미래에는 어떻게 변화하게 될까요? 네. 이미 조금씩 사용되고 있는 가상 화폐나 전자 화폐가 현금과 신용 카드를 대신하게 될 수도 있겠죠. 다음 시간에는 이런 미래의 화폐와 화폐의 가치에 관한 이야기를 하겠습니다. 여러분도 미래 화폐의 모습을 한번 상상해 보세요. 그럼 오늘은 여기까지 하겠습니다.

경제학은 돈을 빼고는 말할 수 없습니다. 지난 시간부터 화폐에 대해서 이야기하고 있지요. 지난 시간에는 화폐의 기능에 대해 살펴보았습니다. 돈은 주로 물건을 사는 데 사용하지만 가치 측정의 기능, 가치 저장의 기능도 갖는다고 이야기했습니다. 그럼, 오늘은 화폐가 왜 생겼고, 어떻게 변화해 왔는지, 배경과 변화에 관하여 알아보겠습니다.

여러분, 돈이 없던 옛날에는 어떻게 필요한 물건을 구했을까요? 그렇죠. 자기가 가지고 있는 물건을 가지고 싶은 물건으로 바꿨습니다. 그런데 이렇게 물물 교환을 하다보니 불편한 점들이 많았습니다. 우선, 내가 필요한 물건을 가진 사람을 찾기 힘들었고, 찾았다고 해도 그 사람이 내 물건을 원하지 않을 때도 있었죠. 또, 물건을 들고 다니기도 어렵고, 물건의 가치에 대한 기준도 각자 달랐습니다. 그래서 좀 더 쉽게 물건을 교환하기 위해 돈이라는 것이 생긴 겁니다.

돈은 오랜 시간 다양한 모습으로 변화해 왔습니다. 처음에는 쌀, 소금, 조개 같은 물품 화폐가 사용되었어요. 하지만 소금은 물에 쉽게 녹고, 조개는 잘 깨졌죠. 물품 화폐도 가지고 다니기 어려운 것은 마찬가지였습니다. 그래서 오랫동안 변하지 않는 금이나 은으로 만든 금속 화폐가 나오게 됩니다. 금속 화폐는 어떤 단점이 있었을까요? 맞습니다. 금이나 은은 구하기도 어렵고, 들고 다니기 무겁습니다. 한국에서도 고려시대 때 처음 금속 화폐가 사용되었는데요. 고려시대 사람들은 쌀이나 옷감으로 물건을 사고파는 것이 더 익숙했기 때문에 이걸 많이 사용하지는 않았습니다.

이런 이유로 사람들은 동전과 지폐를 만들게 됐습니다. 그리고 지금은 동전과 지폐 외에 신용 카드가 새로운 돈의 역할을 하고 있습니다. 신용 카드는 많은 돈을 써야 할 때에도 카드 한 장만 있으면 되기 때문에 무척 편리하지요. 그래서 최근에는 카드 사용이 늘면서 동전이나 지폐의 사용이 크게 줄고 있습니다.

네. 지금까지 화폐가 생긴 배경과 변화에 대해서 알아봤는데요. 물건 교환이 시작된 후 교환을 편리하게 하기 위해 화폐가 만들어졌다고 했습니다. 지금으로부터 약 5000여 년 전부터 화폐가 쓰이기 시작했고, 이 화폐는 점점 편리하게 바뀌어 왔습니다. 즉, 물품 화폐에서 금속 화폐로, 동전과 지폐로 발전했고, 이어서 오늘날 주로 쓰이는 신용 카드가 나타났지요. 그럼 미래에는 어떻게 변화하게 될까요? 네. 이미 조금씩 사용되고 있는 가상 화폐나 전자 화폐가 현금과 신용 카드를 대신하게 될 수도 있겠죠. 다음 시간에는 이런 미래의 화폐와 화폐의 가치에 관한 이야기를 하겠습니다. 여러분도 미래 화폐의 모습을 한번 상상해 보세요. 그럼 오늘은 여기까지 하겠습니다

현대 무용을 감상할 때는 내용이 어떻게 진행되는지, 그리고 안무가가 무엇을 표현하려고 했는지 생각하며 보는 것이 좋습니다. 이때 가장 중요한 것은 무용수의 움직임에 집중하며 보는 것입니다. 무용수가 몸으로 무엇을 말하려고 하는지 느끼며 감상하면 내용이 더 잘 이해되기 마련입니다.

Track 13.

오늘날 글로벌 인재가 되기 위해서는 외국어를 학습하여 여러 나라 사람들과 의사소통할 수 있는 능력을 갖추어야 합니다. 또한 자기 나라의 문화를 상대방에게 적절히 설명할 수 있다면 큰 장점이 될 수 있겠지요. 무엇보다도 안전과 환경에 관련된 일을 할 때 국제적 기준에 따라 규정을 잘 지키는 것이 중요합니다.

Track 14.

네. 맞습니다. 여러 가지 면에서 중소기업은 대기업과 경쟁하기 쉽지 않은 것이 사실입니다. 중소기업의 수출은 대기업에 밀려 계속해서 줄어들고 있습니다. 이러한 상황에서 중소기업이 시장에서 살아남으려면 어떻게 해야 할까요? 이미 대기업이 자리 잡은 분야에 뒤늦게 진출하는 것은 매우 어려운 일입니다. 그래서 제가 강조하고 싶은 것은 대기업이 진출하지 않은 틈새시장을 노려야 한다는 것입니다. 새로운 영역을 만들겠다는 도전 의지에 따라 중소기업의 성공 여부가 결정될 것입니다.

Track 15.

지금부터는 언론의 영향력에 대해서 알아보겠습니다. 언론은 많은 사람이 가지고 있는 생각이나 의견을 뜻하는 여론을 형성하는 역할을 담당합니다. 사람들은 언론에서 알려주는 내용에 영향을 받기 마련이지요. 언론에서 몰래 카메라의 위험성을 보도할 경우, 사람들은 일상에서 자신의 사생활이 노출되는 일은 없는지 주의를 기울이게 됩니다. 또한 안전 불감증으로 인한 사건이 보도되면, 사람들은 안전에 대한 생각을 바꾸게 됩니다. 여기에서 중요한 것은, 언론이 보도한 내용의 영향력을 인식하고 이에 대해 강한 책임감을 가져야 한다는 것입니다.

Track 16.

요즘 과거에 비해 더 다양한 매체가 생기고 있고, 이에 따라 언론의 영향력이 점차 커지고 있습니다. 그런데 언론은 늘 긍정적인 영향만 끼치는 것이 아니라, 부정적인 영향을 끼칠 때도 있습니다. 예를 들어 언론이 대중의 흥미를 유발하고자 연예인의 사생활에 대해 근거 없는 보도를 내보낼 때도 있지요. 따라서 언론은 확실한 자료를 정확하게 해석하고 전달해야 함을 반드시 기억해야 합니다.

사회의 어떤 현상을 듣고, 읽고, 볼 때 우리는 언론 보도의 영향을 크게 받습니다. 언론의 보도를 통해 제공되는 정보는 정치에 대한 사람들의 관심과 참여를 끌어내기 마련입니다. 정부나 공인이 정치를 잘 하고 있는지를 감시하고 비판하는 일을 언론이 하는 것이지요. 이때 언론은 보도 내용의 자유에 제한이 있음을 반드시 기억해야 합니다. 보도를 위해 조사하는 과정에서 동의를 받지 않고 사진을 찍어 초상권을 침해하거나 개인의 정보를 공개하는 것은 언론의 자유라고 보기는 어려울 것입니다.

언론은 정보를 전달하는 역할, 사건을 보도하는 역할, 오락을 제공하는 역할 등을 한다고 이야기했던 것 기억하셨지요? 거기에 이어서 언론의 자유에 대해 이야기해 봅시다. 언론의 자유는 개인이 아무 방해를 받지 않고 표현 행위를 할 수 있는 자유, 언론 매체가 표현할 수 있는 자유를 뜻합니다. 모든 시민과 언론 매체는 자유롭게 말하고, 쓸 수 있어야 합니다. 그런데 이 자유는 어디까지 허용되어 있는 것일까요?

사회의 어떤 현상을 듣고, 읽고, 볼 때 우리는 언론 보도의 영향을 크게 받습니다. 언론의 보도를 통해 제공되는 정보는 정치에 대한 사람들의 관심과 참여를 끌어내기 마련입니다. 정부나 공인이 정치를 잘 하고 있는지를 감시하고 비판하는 일을 언론이 하는 것이지요. 이때 언론은 보도 내용의 자유에 제한이 있음을 반드시 기억해야 합니다. 보도를 위해 조사하는 과정에서 동의를 받지 않고 사진을 찍어 초상권을 침해하거나 개인의 정보를 공개하는 것은 언론의 자유라고 보기는 어려울 것입니다.

언론을 통해 전달되는 잘못된 보도는 빠른 시간 내에 많은 사람들에게 퍼질 수 있습니다. 최근 개인의 SNS에 올린 사진이 해외에서 판매되는 의류에 인쇄되어 초상권이 침해받는 사례도 있었지요. 피해자는 심각한 정신적 고통을 느끼고 있다고 합니다. 이렇게 한 번 훼손된 명예나 인권은 쉽게 회복되지 않으며, 피해자의 정신적 고통은 과거와 비교할 수 없을 정도로 심각합니다. 그래서 언론이 어떤 내용을 보도할 때는 무엇보다도 법과 윤리를 잘 지키는 태도를 가지는 것이 중요합니다. 언론의 보도 태도에 따라 대중들은 언론을 믿을지 말지 결정하게 될 것입니다.

여러분은 언론이 어떤 태도로 자료를 조사하고, 그 내용을 보도하는지 관심을 가지고 계십니까? 정치, 사회 현실 등에 관한 정보를 자유롭게 알 수 있는 권리를 누리기 위해서는 대중들도 언론에 관심을 가져야 하겠습니다. 그럼 오늘은 여기까지 하겠습니다.

정답 및 예시

01 화폐의 발전

어휘 1

(1) 가치 (2) 금액 (3) 비용 (4) 지불해 (5) 발행한 (6) 가상

문법

1. (1) 받아 왔다 (2) 유지해 왔다 (3) 벌어 왔다
2. (1) 지금으로부터 (5) 부모로부터 (6) 자외선으로부터

표현 1

1. (1) 억양 (2) 1960년대 소설과 작가 (3) 동물의 분류, 식물의 분류
2. (1) 2차 세계대전 (2) 태양계의 행성들 (3) 중세 시대의 건축, 고려 시대의 건축

표현 2

1. (1) 제 생각에는 관심 있는 동아리에 가입하는 것이 좋을 것 같습니다. 그러면 취미가 비슷한 친구들을 만날 수 있을 것입니다.
   (2) 저는 일회용품 사용을 줄여야 한다고 생각합니다. 왜냐하면 종이컵이나 비닐봉지 같은 일회용품을 대신할 수 있는 컵, 천 가방 등의 물건이 많기 때문입니다.
   (3) 제 생각에는 정기적으로 건강 검진을 받는 것이 좋을 것 같습니다. 그러면 병을 미리 발견할 수 있을 것입니다.

듣기 1

2. (1) ② (2) ②
3. (1) ② (2) ①

듣기 2

1. (1) 물품 화폐 (2) 금속 화폐 (3) 종이 화폐
2. (1) 화폐의 기능 (2) 화폐의 배경과 변화 (3) 금속 화폐 (4) 미래의 화폐와 화폐의 가치

3. (1) ② (2) ② (3) ①

어휘 2

1. (1) 발전 (2) 수단 (3) 역할 (4) 기본 (5) 기능 (6) 보장
2. (1) 구하고 (2) 나타낸 (3) 뺐다 (4) 상상하다(가) (5) 정했다 (6) 마찬가지이다

02 성공한 기업

어휘 1

(1) 성과 (2) 위기 (3) 극복 (4) 관리 (5) 사례 (6) 기획

문법

1. (1) 읽어도 (2) 와도 (3) 졸려도
2. (1) 부러울 따름이다 (2) 믿을 따름이다 (3) 복습할(복습했을) 따름이라고

표현 1

1. (1) 안녕하십니까? 저는 경영학부 1학년에 재학중인 장린입니다. 저는 꽃과 나무에 대해 말씀드리겠습니다.
   (2) 안녕하세요? 오늘 발표를 맡은 메이, 최정이입니다. 오늘 저희 팀은 한국의 입시제도에 대한 발표를 준비했습니다.
   (3) 먼저 한국의 교육 제도에 대해 말씀드리고, 이어서 한국의 입시제도, 중국과 차이점 순으로 말씀드리겠습니다.
   (4) 안녕하십니까? 저는 법학과에 재학중인 히엔입니다. 저는 립스틱 효과에 대해 말씀드리겠습니다. 저희가 발표할 내용의 순서는 다음과 같습니다. 첫째, 립스틱 효과의 정의, 둘째, 경제 불황, 셋째, 소비자 심리입니다.

1. (1) 요약해 보면, 10-30대는 유학에 긍정적이고, 40-50대는 유학에 중립적이었습니다. 그리고 60-70대는 유학에 부정적이었습니다.

(2) 결론적으로 나이가 많을수록 유학에 부정적이라고 할 수 있겠습니다. 또 국제 사회를 경험한 사람들이 유학에 긍정적이라는 결론을 낼 수 있습니다.

(3) 제가 준비한 발표는 여기까지입니다. 끝까지 들어주셔서 감사합니다.

(4) 지금까지 말씀드린 내용을 정리해 보면 다음과 같습니다. 평균 출산율은 1명 이하이고, 노인은 전체 인구의 15%입니다. 그러므로 고령화 사회에 진입했고, 출산율을 높이기 위한 정책이 필요하다는 결론을 낼 수 있습니다.

1. (1) 강조하셨다(강조하신다) (2) 판단력 (3) 중시하는 (4) 기업인 (5) 창업 (6) 도입해서
2. (1) 유지하신다(유지하셨다) (2) 영향력 (3) 생산 (4) 구매할 (5) 매출 (6) 분야

03 대학과 진로

1. 다음에서 적절한 어휘를 골라 빈칸에 알맞게 써 보십시오.
(1) 전공 (2) 경쟁력 (3) 인재
(4) 학업 (5) 진로 (6) 적성

1. (1) 듣게 했다. (2) 하게 했다. (3) 못하게 하고 있다.
2. (1) 말하는 대로 (2) 배운 대로 (3) 아는 대로

1. 너무 어릴 때부터 연예인이 되어 방송활동을 하면 사

생활이 노출된다는 점에서 저도 그 의견(미성년이 연예인으로서 방송활동을 하는 것에 대해 반대)에 동의합니다.

2. 대학을 졸업하는 것도 중요하지만 취업을 하는 것이 더 중요하기 때문에 저는 그 방법(대학에서 다양한 외국어 수업을 늘리는 것)도 좋다고 생각합니다.

2. (1) ① (2) ③

2. 대학
3. (1) ① (2) ② (3) ③

1. (1) 훈련한 (2) 관련된 (3) 끌기
(4) 각광 (5) 재능 (6) 강조되고
2. (1) 학문 (2) 키울 (3) 이어
(4) 시기 (5) 운영되기 (6) 확신

04 문화의 다양성

1. 다음에서 적절한 어휘를 골라 빈칸에 알맞게 써 보십시오.
(1) 늘어나고 (2) 달라지고 (3) 가치관
(4) 교통수단 (5) 틀림없다 (6) 대도시

1. (1) 다르듯(이) (2) 변화하듯(이) (3) 자라듯(이)
2. (1) 스승이며 (2) 맑으며 (3) 겸손하며

1. (1) 버스와 지하철은 교통수단이라는 점에서 공통점

정답 및 예시

을 지닌다(유사하다).

(2) 플루트와 트럼펫은 관악기라는 면에서 유사하다(공통점을 지닌다).

(3) 전통한복과 개량한복은 한국의 아름다움을 알릴 수 있다는 면에서 유사하다.

2. (1) 고래는 상어와 달리 포유류라는 면에서 차이가 있다.

(2) 커피는 우유와 달리(우유는 커피와 달리) 카페인이 들어 있다(들어 있지 않다)는 면에서 차이가 있다. / 커피는 카페인이 들어있는 반면에 우유는 카페인이 들어있지 않다는 점에서 차이가 있다.

(3) 뉴스는 개그 프로그램과 달리 정보를 전달한다는 면에서 차이가 있다. / 뉴스는 정보를 전달하는 반면에 개그 프로그램은 즐거움을 준다는 점에서 차이가 있다.

표현 2

1. (1) 국립국어원 한국어기초사전에 의하면 '문화'를 사회의 공동체가 일정한 목적 또는 생활 이상을 실현하기 위하여 만들고 익히고 공유하고 전달하는 물질적, 정신적 활동으로 정의하고 있다.

(2) 기상청의 조사 내용에 의하면 지난 10년 간 한국의 여름 평균 기온이 '1.8 도(C)' 상승했으며 이는 같은 기간 동안 지구상의 평균 기온이 '1.2도(C) 오른 것보다 더 높은 수치라고 한다.

(3) 영국의 'A'대학 사회연구소의 연구 결과에 따르면 교우 관계가 좋은 학생이 그렇지 않은 학생에 비해 성적이 우수하다고 한다.

어휘 2

1.

(1) 유사한 (2) 특징 (3) 공통점
(4) 재료 (5) 차이 (6) 형태

2.

(1) 유지하는 (2) 받아들인 (3) 전통
(4) 입장 (5) 보수적인 (6) 거부하고

05 익히고 다지기 1

어휘

1.

가.A.발	행		나.구	B.매
전		C.수		출
	다.판	단	력	
D.적			E.학	
라.극	복	마.기	업	F.인
적	바.재	능		재

2.

(1) 사례 (2) 수단 (3) 진로
(4) 거부하고 (5) 분야 (6) 계획하고

3.

(1) ② (2) ③ (3) ④ (4) ①
(5) ⑦ (6) ⑥ (7) ⑤

4.

(1) ① (2) ②

5.

(1) 지불하는 (2) 포기하기로 (3) 성실한
(4) 유지하는 (5) 활동할 (6) 받아들이고
(7) 바뀐 (8) 나타내고

문법

1.

(1) ③ (2) ② (3) ④ (4) ④

2.

(1) ③   (2) ③

3.

(1) 끝나는 대로   (2) 친구로부터
(3) 어려워도   (4) 성장하게 했다
(5) 주었으며

4.

(1) 적극적이며   (2) 달라지듯이
(3) 배출해오고 있어요   (4) 상상했을 따름이에요

6.

(1) 환경오염으로 인해   (2) 나는 바람에
(3) 사느라고   (4) 놓치는 바람에
(5) 여름이어서 그런지

7.

(1) 공기오염으로 인해   (2) 배출하는 바람에
(3) 심해져서 그런지

읽기

1. (1) ④   (2) ②   **2.** (1) ①   (2) ①

06 언론의 자유

어휘 1

1. (1) 매체   (2) 전파   (3) 댓글   (4) 대중
(5) 제보자   (6) 여론

문법

1. (1) 크기 마련이다 (2) 있기 마련이다 (3) 오기 마련이다
2. (1) 경력에 따라 급여가 올라간다.
(2) 각 나라의 법에 따라 범죄자를 처벌한다.
(3) 사람의 성격에 따라 같은 말에도 반응이 다르다.

표현 1

1. (1) 내용, 안무, 무용수, 움직임 (2)외국어, 국제적 기준, 규정 (3) 수출 틈새 시장

표현 2

1. (1) 제 생각은 좀 다릅니다. 선의의 거짓말은 해서는 안 됩니다. 선의의 거짓말도 거짓말이므로 윤리적으로 잘못된 것이기 때문입니다.
(2) 저는 이 의견에 반대합니다. 흡연자들도 자신의 행동을 자유롭게 할 권리가 있으므로 보행 중 흡연을 법으로 금지해서는 안 됩니다.

듣기 1

2. (1) ③ (2) ③
3. (1) ② (2) ③

듣기 2

2. (1) ②   (2) ① 정보 전달 ② 사건 보도 ③ 오락 제공
3. (1) ③   (2) ①   (3)①

어휘 2

1. (1) 책임감   (2) 영향력   (3) 내보냈다   (4) 확실하지
(5) 커졌다   (6) 흥미
2. (1) 심각하다 (2) 정보   (3) 방해   (4) 자유롭게
(5) 이끄는   (6) 참여

07 현대인과 건강

어휘 1

1. (1) 근육 (2) 여유롭게 (3) 풍부한 (4) 고생 (5) 졸음
(6) 충격

정답 및 예시

1. (1) 들었다시피 (2) 살다시피 (3) 알다시피
2. (1) 우수하므로 (2) 흘리므로 (3) 심하므로

표현 1

1. (1) 이 사진은 '한국의 음식 상차림'에 대한 것입니다. 이 사진에서 보다시피 한국 음식은 한 상에 한꺼번에 모든 음식을 차려 낸다는 특징이 있습니다. 식전 빵 부터 순서대로 하나씩 음식이 나오는 서양 음식의 상차림과는 방법이 매우 다름을 알 수 있습니다.
(2) 이 그래프가 무엇을 알려 주고 있는 것일까요? 이 그래프는 '외국인 좋아하는 한식 메뉴'에 대한 것입니다. 최근 외국인의 한국 문화에 대한 관심이 높아지고, 누리 소통망의 사용자가 늘어나면서 한식에 관심을 가지는 외국인 점차 늘어나고 있습니다. 삼겹살, 불고기, 비빔밥 등 다양한 음식이 인기를 끌고 있는데 이 그래프를 함께 확인해 보겠습니다.
(3) 여러분은 취업을 위한 준비를 시작하셨는지요? 어디에서 취업을 위한 공부 등을 하시는 편인가요? 보통 카페나 도서관 등의 장소에서 개인적인 공부를 하거나 스터디 모임 등을 하고 계실 겁니다. 오늘은 대학생들을 대상으로 '취업 준비에 좋다고 생각되는 장소'에 대한 설문조사한 결과를 함께 살펴보겠습니다. 카페, 학교 도서관, 집, 스터디 전문 공간, 독서실 중 어느 곳이 1위인지 보이시나요?

표현 2

1. (1) 여러분은 여가 시간에 어떤 활동을 하며 시간을 보내시나요? 이번 시간에는 여가 시간에 무엇을 하는지에 대해 함께 알아보겠습니다. '여가 시간에 하는 활동'에 대한 조사 결과에 의하면 '영화, 공연 감상'이 33%, '인터넷'이 28%, '운동'이 15%, '독서'가 12% 등으로 나타났습니다.
(2) 최근 미세먼지로 인한 피해가 점차 심각해지고 있습니다. 미세먼지로 경험하게 되는 피해에는 구체적으로 어떤 것들이 있을까요? 시민들을 대상으로 '미세먼지로 경험한 피해'에 대해 조사한 결과 '호흡기 질환'이 56%로 1위를 차지했습니다.
(3) 행복하게 살고 계십니까? 여러분은 무엇이 만족스러울 때 행복을 느끼십니까? 이 주제에 대해 조사한 결과를 함께 살펴보겠습니다. 30대를 대상으로 '행복에 영향을 미치는 요인'에 대한 조사 결과에 따르면 '건강'이 1위인 것으로 나타났습니다. 그 다음으로는 '가족'이 2위, '돈'이 3위, '친구'가 4위로 나타났습니다.

어휘 2

1. (1) 여럿 (2) 쓸데없는 (3)비중 (4)조절
(5)시달리다가 (6) 일시적
2. (1) 한동안 (2) 든든하게 (3) 멀쩡해 (4) 꾸준히 (5) 단계 (6) 별도

08 사물 인터넷 세상

어휘 1

(1) 향상 (2) 필수 (3) 정보 (4) 현실 (5) 통신 (6) 혜택

문법

1. (1) 저렴하나 (2) 모르겠으나 (3) 슬펐으나
2. (1) 택시는커녕 (2) 휴가는커녕 (3) 예습은커녕

표현 1

(1) 정부가 세금으로 만든 시설을 이용하려면 세금을 꼬박꼬박 잘 내야 한다.
(2) 조상들은 동물의 행동을 통해 비가 오는 것을 예상했다.
(3) 한글의 모음은 하늘과 땅, 사람의 모습을 따라 만들었다. 자음은 그 소리를 내는 발음 기관을 따라 만들었다.

표현 2

1. (1) 아, 아니 잠시만요. (2) 근데 제 생각은 다릅니다.

(3) 말씀 중에 끊어서 죄송하지만

2. (1) ① 사물 인터넷이 곳곳에 활용되면 그동안 상상하지 못했던 여러 가지 문제가 생길 수 있다.
　② 현재 사물 인터넷의 가장 큰 문제로 꼽히는 것은 바로 보안 문제다.
　(2) ②

2.
영화나 소설에 나오던 일들이 현실이 되고 있다. 사물 인터넷은 인간의 상상을 현실로 만들어 주는 기술이다.

3. (1) ①
　(2) ① 사물들이 인터넷으로 연결돼 서로 정보를 주고받고 소통하면서 인간의 삶은 더욱 편리해질 것이다.
　② 사물 인터넷은 평범한 일상뿐 아니라 응급 상황에서도 매우 도움이 된다.
　③ 시대의 변화를 받아들이며 여유와 편리함을 즐기는 마음이 필요하다.
　(3) ②

1. (1) 삶　(2) 꼽힌다　(3) 활용될　(4) 소통하기
(5) 본격적　(6) 곳곳
2. (1) 대비하기　(2) 피하려고　(3) 심각한　(4) 인식해
(5) 방지하는　(6) 평범하게

09 환경과 발전

(1) 보호할 (2) 생태계 (3) 파괴하는 (4) 자연 (5) 밀림
(6) 생태계

1. (1) 미루다가는 (2) 켰다가는 (3) 달리다가는
2. (1) 타지 않는 한 (2) 합치지 않는 한 (3) 받는 한

(1) 봉사활동 과목 의무화에 찬성한다. 봉사활동 과목을 듣게 되면 이전에는 몰랐던 봉사의 중요성을 깨달을 수 있다. 또한 봉사활동을 하는 습관을 기를 수 있다.
(2 동물실험 금지에 찬성한다. 그 이유는 첫째 동물실험은 동물을 학대하는 반윤리적 행위이기 때문이다. 둘째, 현재 동물실험을 대체할 수 있는 방법들이 많이 개발되고 있기 때문이다.

(1) 통계를 보면 지난 5년 간 결혼 연령대 인구가 계속 감소하고 있다. 이러한 현상이 지속되면 출산율도 낮아질 것이고 출산율이 낮아지면 경제상황도 나빠질 것이다.
(2) 통계청 자료를 보면 최근 청년 실업률이 높아지고 있다. 이러한 현상이 지속되면 노동시장에서 고급 인적 자원이 낭비되는 문제가 발생한다. 그리고 청년 실업률이 높아지면 젊은 층의 생산과 소비가 줄어든다. 이렇게 되면 국가경쟁력이 약화될 것이다.

2.
(1) 반대　(2) 찬성　(3) 찬성
(4) 찬성　(5) 반대　(6) 반대

1. (1) 버리는 (2) 유용하다 (3) 간편하다 (4) 위생 (5) 인체
(6) 악영향
2. (1) 집 (2) 목재 (3) 오염 (4) 가구 (5) 농민 (6) 여과

정답 및 예시

10 익히고 다지기 2

어휘

1.

		가.책	임	B감	
			다.정	C보	
나.급	A여				호
	론		D비		
E참			라.중	요	
마.여	가			바.인	재

2.
(1) 멸종 (2) 혜택 (3) 비중
(4) 충격 (5) 역할 (6) 본격적

3.
(1) ⑤   (2) ④   (3) ③
(4) ⑥   (5) ①   (6) ⑦
(7) ②

4.
(1) ②   (2) ④

5.
(1) 확실하게 (2) 꾸준한 (3) 대비해서
(4) 심각한 (5) 중지하라고 (6) 쓸데없는
(7) 내보내고 (8) 꼽히는

문법

1. (1) ① (2) ①

2. (1) ② (2) ①

3. (1) ① (2) ①

4.
(1) 맞다가는   (2) 그것에 따라
(3) 전공 공부는커녕   (4) 타지 않는 한

5.
(1) 이미 안내가 되었다시피 오늘은 강의가 없다.
(2) 공부를 열심히 했으나 성적이 잘 안 나왔다.
(3) 쇼핑을 지나치게 하다가는 저축을 하나도 못 할 것이다.

7.
(1) 연인인 모양이다   (2) 걸렸나 보다
(3) 먹을 것 같다   (4) 재미있나 보다.
(5) 끊어질지도 모른다.   (6) 먹을 모양이다.

8.
(1) 사라질 것 같다   (2) 가능할지도 모른다
(3) 치열할 것 같다

읽기

1. (1) ① (2) ③
2. (1) ② (2) ④